Ce livre appartient à

! Pour les coloriage, nous conseillons de mettre une feuille cartonnée en dessous pour éviter les bavures. (L'utilisation de feutres est déconseillée).

Maths Singapour GS CP

110 Pages d'Exercices de Maths Maternelle GS CP

Apprendre les bases des mathématiques est une compétence fondamentale qui forme la base du future réussite scolaire de l'enfant.

Ce cahier donne l'enfant qui a des soucis de concentration envie de travailler.

Ce livre a été conçu sur la base de la méthode de Singapour dite **“Concrète - Imagée - Abstraite”** composée d'activités de mise en situation faciles à mettre en œuvre à la maison grâce à des objets du quotidien, pour que les élèves s’approprient progressivement l’univers des mathématiques et du raisonnement.

Ces ressources de 110 pages aident votre enfant à maîtriser les compétences mathématiques telles que la reconnaissance des nombres, l'addition et la soustraction, la mesure et plus encore.

Ce livre est parfait pour les enfants en **Grande Section Maternelle (âgés de 5 à 6 ans)**, mais il est également parfait pour les enfants en **CP (âgés de 6 à 7 ans).**

Chers Parents,

Nous espérons sincèrement que vous trouverez notre **Cahier de Maths Singapour GS CP** utile et amusant.

Qu’en avez-vous pensé ?
Laisser votre avis à propos du cahier sur Amazon, même succinct, aide les autres parents à faire le bon choix et nous encourage à créer d’autres cahiers de qualité.
Alors même s’il ne fait que quelques mots, nous vous serions extrêmement reconnaissants de nous laisser votre ressenti dans un commentaire ☺

Il est très facile de nous faire part de votre avis !

Il suffit de scanner ce QR Code.
Il vous dirigera directement vers la page Amazon où vous pourrez laisser un avis.

Bien à vous.

Ce livre d'apprentissage en GS-CP est divisé en parties suivantes :

Partie 1 : Les Nombres de 1 à 10

Reconnaissance des nombres, s'entraîner à tracer des nombres et apprendre à compter les objets.

Partie 2 : Comparer et Ranger les Nombres

Comparaison des quantités.
Résoudre des problèmes portant les quantités.

Partie 3 : Motifs et Formes

Tri et classification.

Partie 4 : Les Nombres de 11 à 20

S'entraîner à tracer des nombres et apprendre à compter les objets.

Partie 5 : Les compléments

Les enfants trouvent des façons de diviser les nombres en deux groupes.

Partie 6 : Addition de 1 à 20

Apprendre l'addition simple.
Résolution de problème

Partie 7 : Soustraction de 1 à 20

Apprendre la soustraction simple.
Résolution de problème

Partie 8 : Mesure (Taille - Longueur - Masse)

Décrire les attributs mesurables des objets.
(Grand/Petit, Court/Long, Lourd/Léger).

Partie 9 : Temps

Les enfants apprennent à lire l'heure à l'aide d'une horloge analogique et d'une horloge numérique.

0 zéro

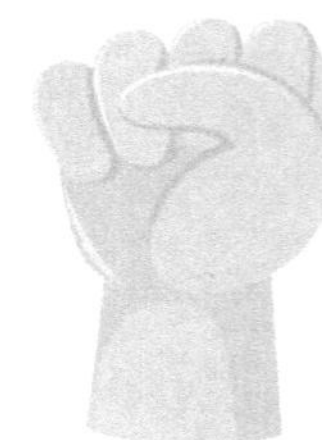

Tracer le chiffre **0**

0 1 2 3 4 5 6 7 8 9 10

Colorie le chiffre **0**

0

Tracer le mot **zéro**

zéro zéro zéro zéro zéro

zéro zéro zéro zéro zéro

0 (rien)

0 1 2 3 4 5 6 7 8 9 10

1 un

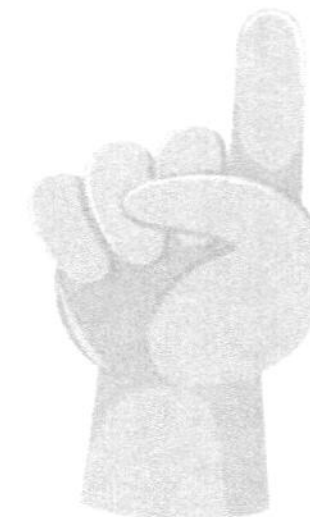

Tracer le chiffre **1**

1 1 1 1 1 1

1 1 1 1 1 1

1 1 1 1 1 1

1 1 1 1 1 1

1 1 1 1 1 1

Colorie le chiffre **1**

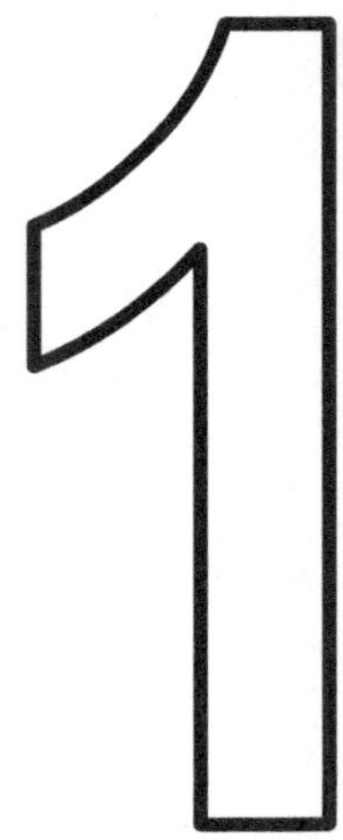

Tracer le mot **un**

un un un un un un

un un un un un un

1 Voiture

0 1 2 3 4 5 6 7 8 9 10

deux

Tracer le chiffre **2**

2

2

2

Colorie le chiffre **2**

Tracer le mot **deux**

deux deux deux deux

deux deux deux deux

2 Vaches

0 1 2 3 4 5 6 7 8 9 10

3 trois

Tracer le chiffre **3**

3 3 3 3 3 3

3 3 3 3 3 3

3 3 3 3 3 3

3 3 3 3 3 3

3 3 3 3 3 3

0 1 2 3 4 5 6 7 8 9 10

Colorie le chiffre **3**

3

Tracer le mot **trois**

trois trois trois trois

trois trois trois trois

3 Parapluies

0 1 2 3 4 5 6 7 8 9 10

4 quatre

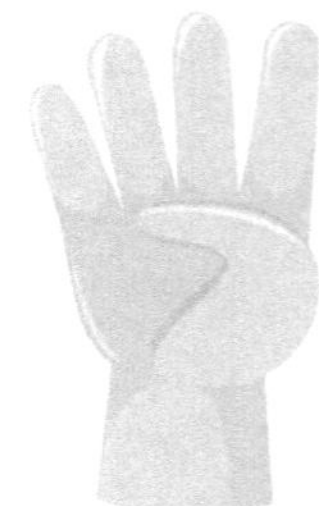

Tracer le chiffre **4**

Colorie le chiffre **4**

4

Tracer le mot **quatre**

quatre quatre quatre quatre

quatre quatre quatre quatre

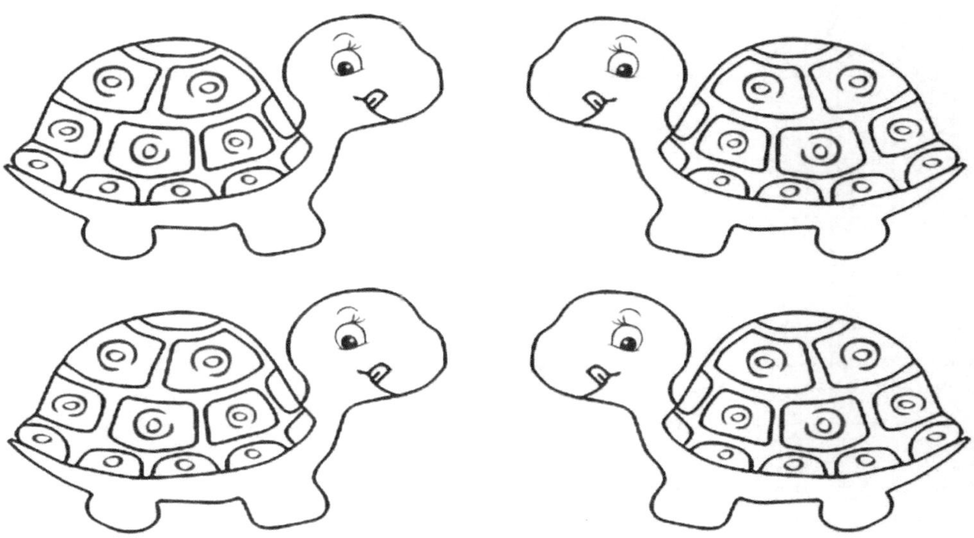

4 Tortues

0 1 2 3 4 5 6 7 8 9 10

5 cinq

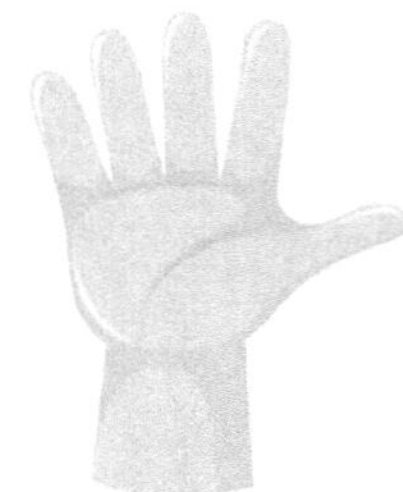

Tracer le chiffre **5**

5 5 5 5 5 5

5 5 5 5 5 5

5 5 5 5 5 5

5 5 5 5 5 5

5 5 5 5 5 5

0 1 2 3 4 5 6 7 8 9 10

Colorie le chiffre **5**

5

Tracer le mot **cinq**

cinq cinq cinq cinq cinq

cinq cinq cinq cinq cinq

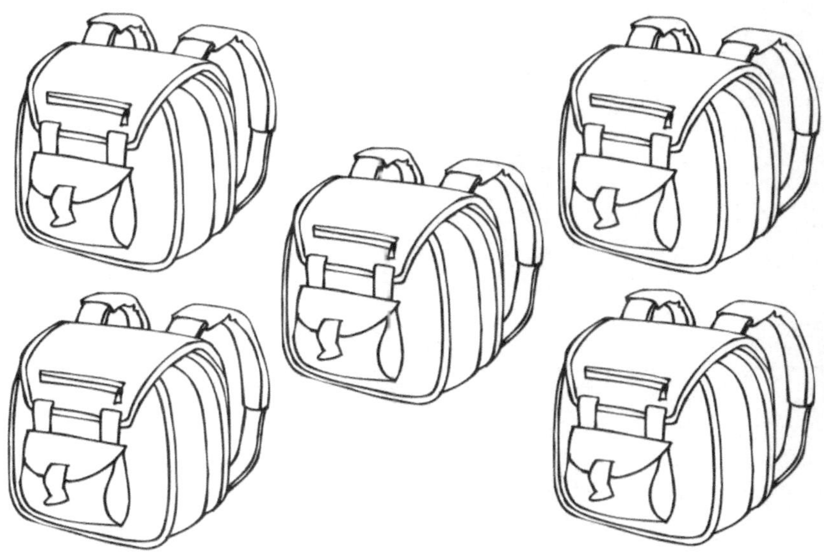

5 Cartables

0 1 2 3 4 5 6 7 8 9 10

six

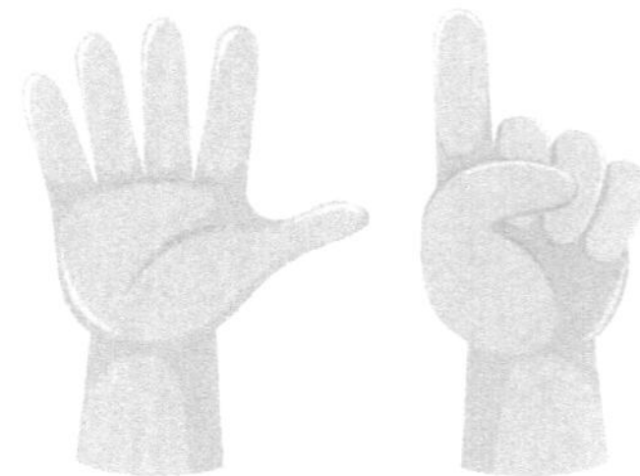

Tracer le chiffre **6**

6 6 6 6 6 6

6 6 6 6 6 6

6 6 6 6 6 6

6 6 6 6 6 6

6 6 6 6 6 6

0 1 2 3 4 5 6 7 8 9 10

Colorie le chiffre **6**

6

Tracer le mot **six**

six six six six six

six six six six six

6 Cadeaux

0 1 2 3 4 5 6 7 8 9 10

7 sept

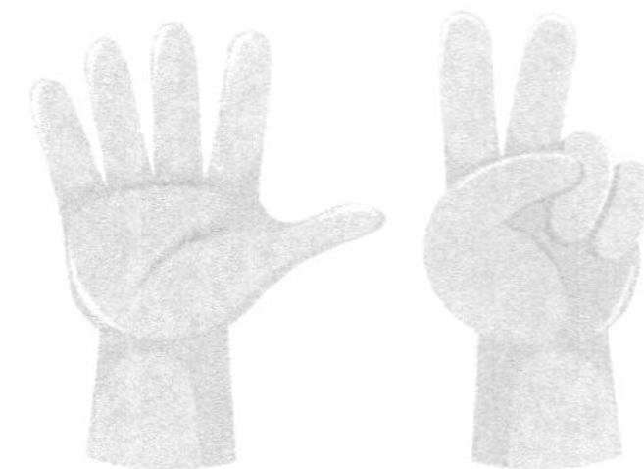

Tracer le chiffre **7**

0 1 2 3 4 5 6 7 8 9 10

Colorie le chiffre **7**

7

Tracer le mot **sept**

sept sept sept sept sept

sept sept sept sept sept

7 Fleurs

0 1 2 3 4 5 6 7 8 9 10

8 huit

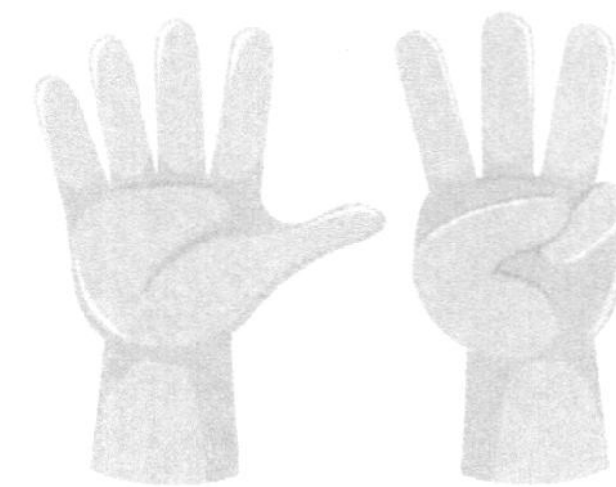

Tracer le chiffre **8**

8 8 8 8 8 8

8 8 8 8 8 8

8 8 8 8 8 8

8 8 8 8 8 8

8 8 8 8 8 8

0 1 2 3 4 5 6 7 8 9 10

Colorie le chiffre **8**

8

Tracer le mot **huit**

huit huit huit huit huit

huit huit huit huit huit

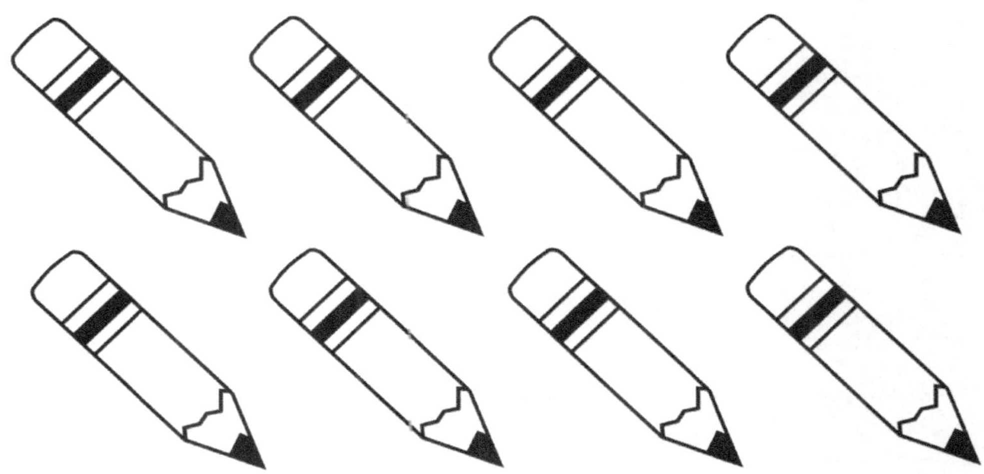

8 Crayons

0 1 2 3 4 5 6 7 8 9 10

neuf

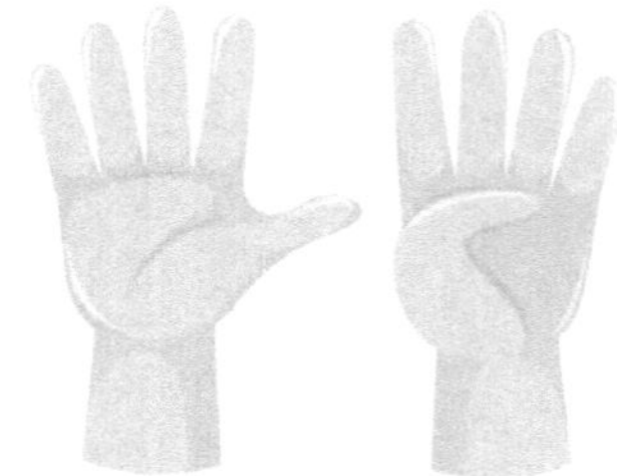

Tracer le chiffre **9**

Colorie le chiffre **9**

9

Tracer le mot **neuf**

neuf neuf neuf neuf neuf

neuf neuf neuf neuf neuf

9 Papillons

10 dix

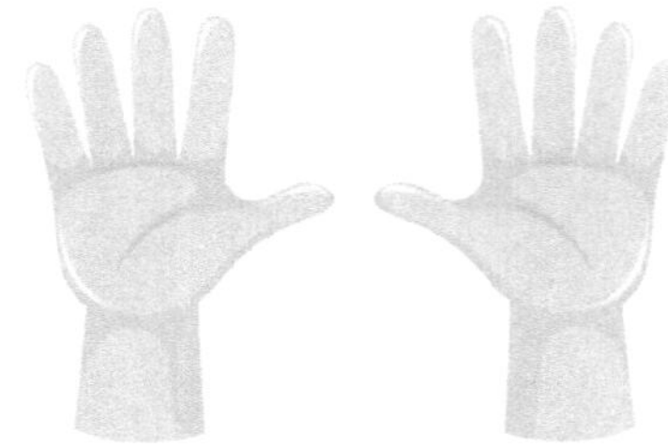

Tracer le chiffre **10**

10 10 10 10 10 10

10 10 10 10 10 10

10 10 10 10 10 10

10 10 10 10 10 10

10 10 10 10 10 10

Colorie le chiffre **10**

10

Tracer le mot **dix**

dix dix dix dix dix

dix dix dix dix dix

10 Koalas

0 1 2 3 4 5 6 7 8 9 10

Je découvre

1	
2	
3	
4	
5	
6	
7	
8	
9	
10	

0 1 2 3 4 5 6 7 8 9 10

Comptez le nombre de fruits sur chaque rangée.
Tracez une ligne pour la faire correspondre avec le nombre correct.

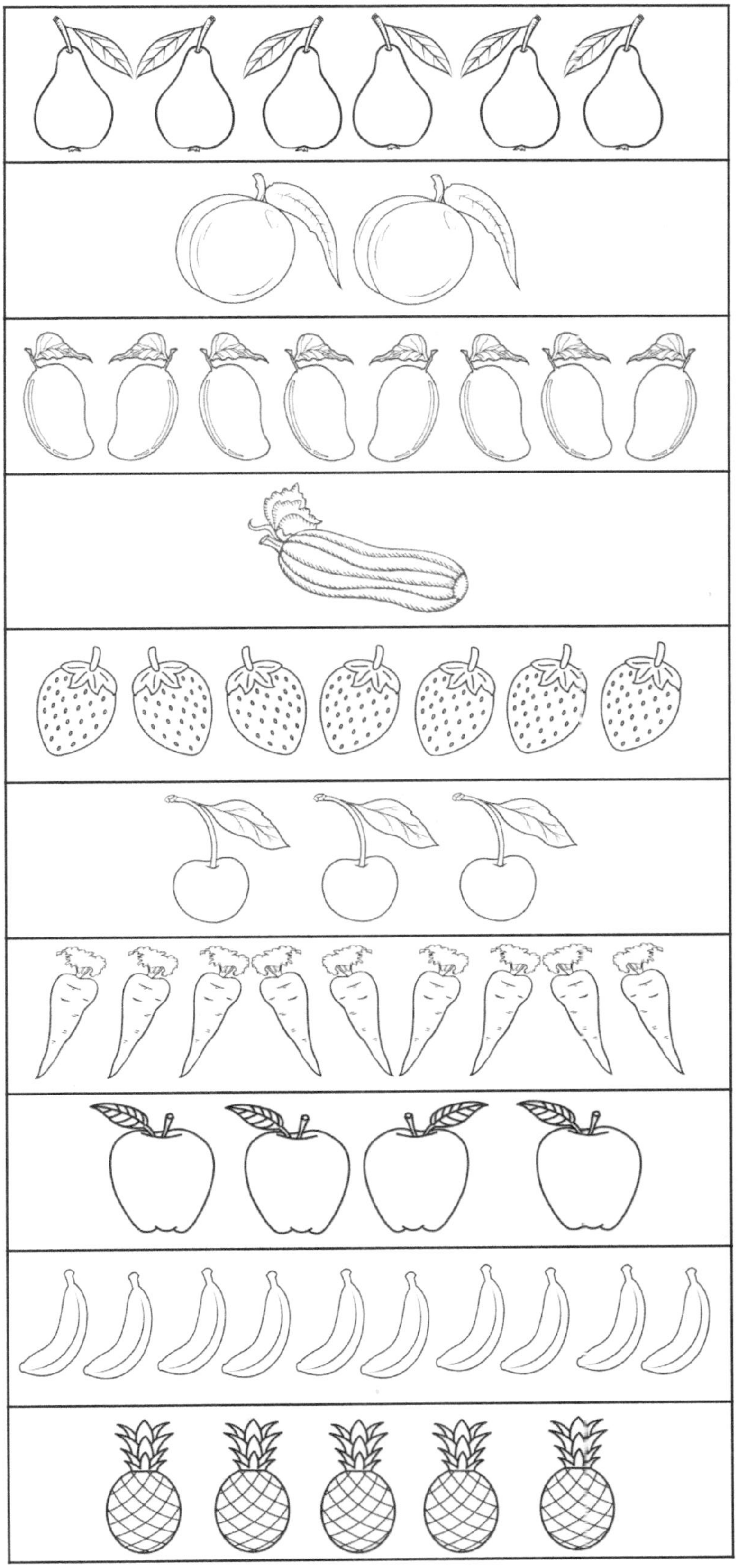

8
3
7
6
10
1
5
2
9
4

0 1 2 3 4 5 6 7 8 9 10

Colorie le nombre correct d'objets montrées

2

4

3

5

1

6

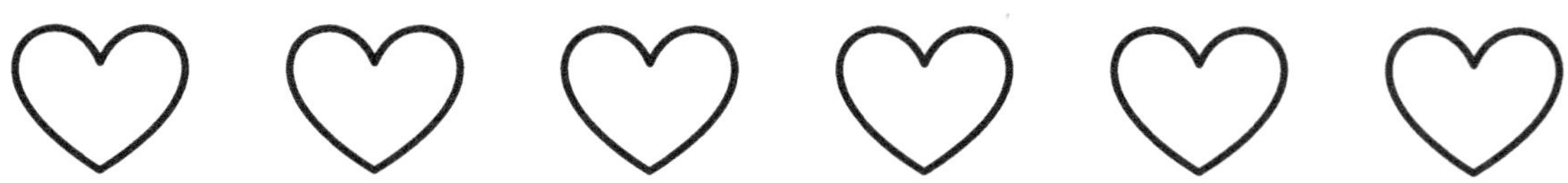

0 1 2 3 4 5 6 7 8 9 10

Comptez et écrivez le nombre d'objets.

3

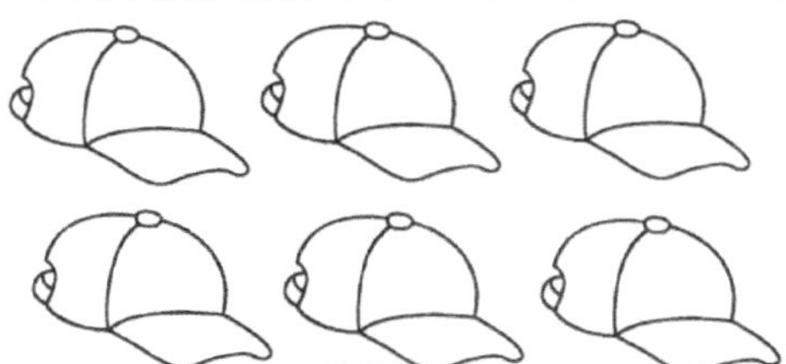

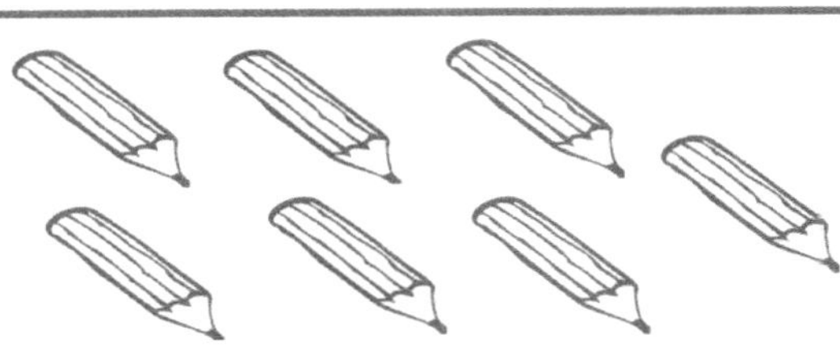

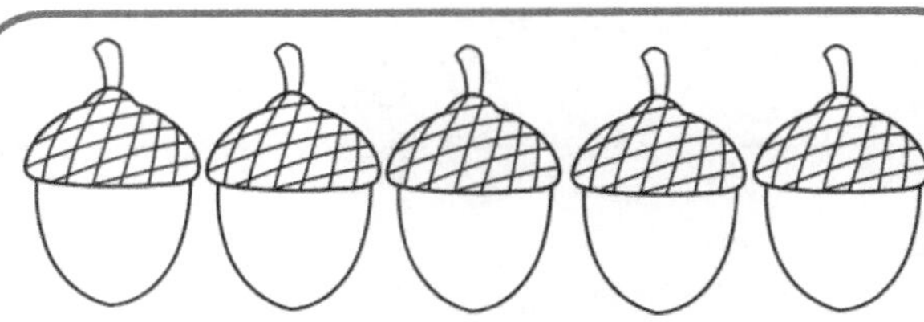

Comparer et Ranger les Nombres

Je découvre (plus petit que, plus grand que, égal à)

7 Bonbons **est plus grand que** 3 Bonbons

7 > 3

3 Bonbons **est plus petit que** 7 Bonbons

3 < 7

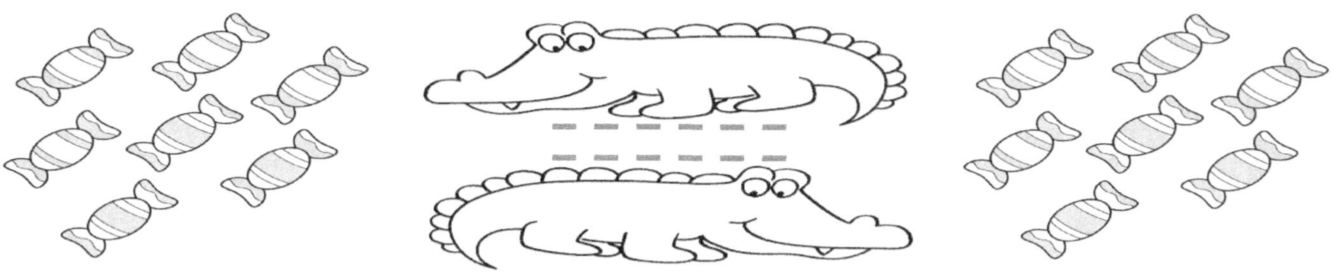

7 Bonbons **est égal à** 7 Bonbons

7 = 7

>	**<**	**=**
est plus grand que	**est plus petit que**	**est égal à**

Comparer et Ranger les Nombres

Comptez les objets et encerclez le bon symbole : $>$ ou $<$ ou $=$

$>$

$=$

$<$ (encerclé)

$>$

$=$

$<$

$>$

$=$

$<$

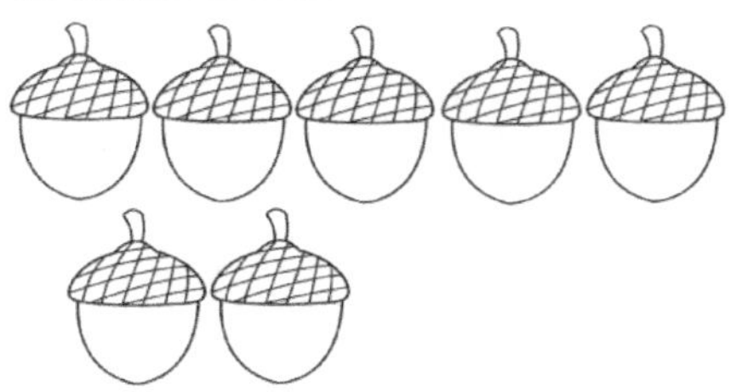

$>$

$=$

$<$

$>$

$=$

$<$

$>$

$=$

$<$

Comparer et Ranger les Nombres

Comptez les images et écrivez le bon symbole (>, <, =) dans chaque cercle.

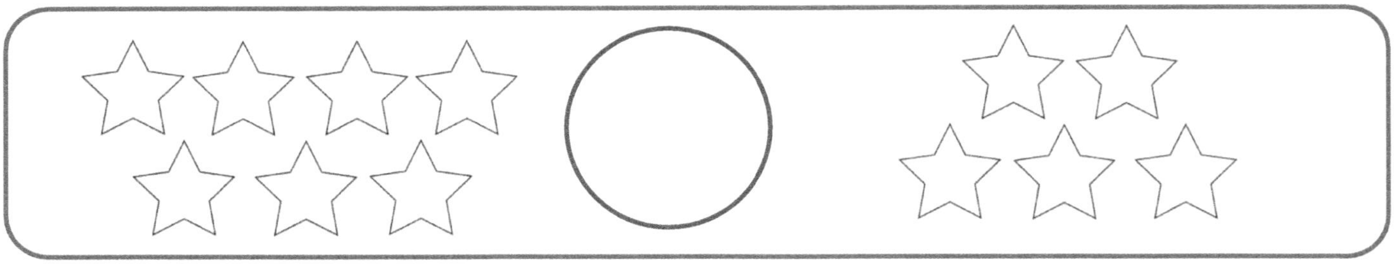

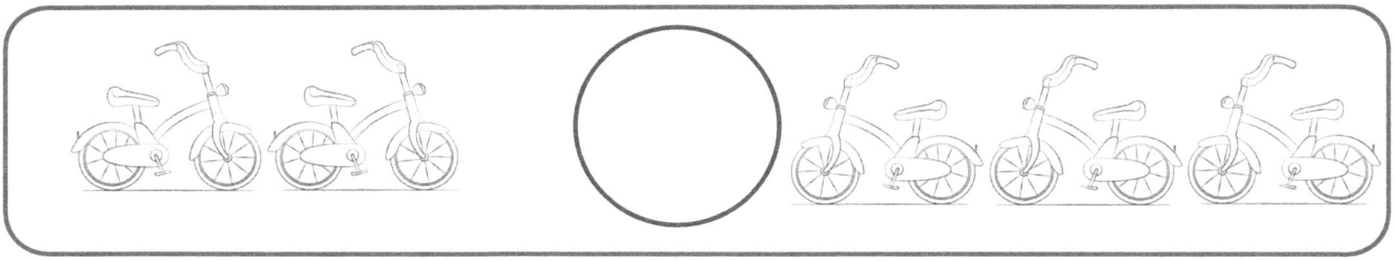

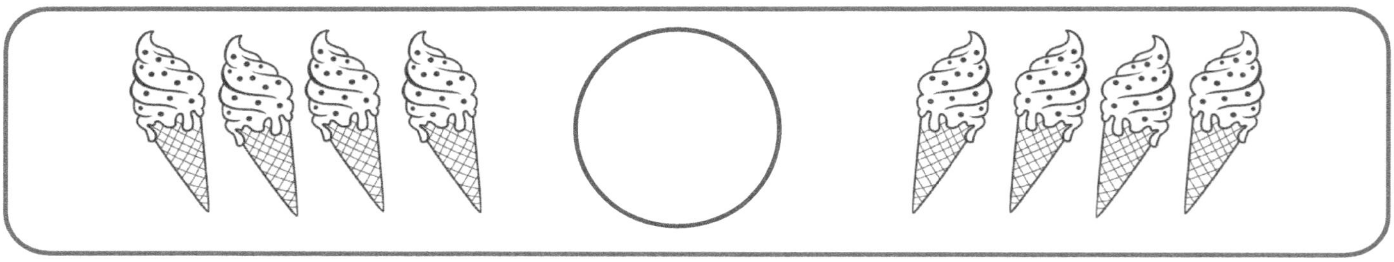

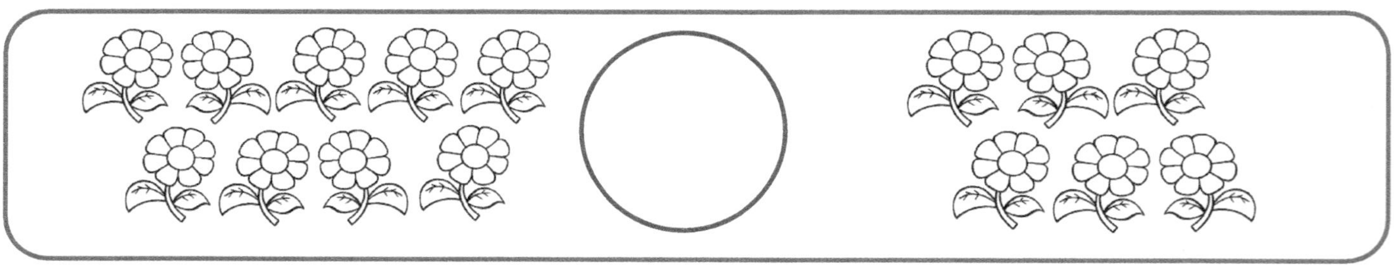

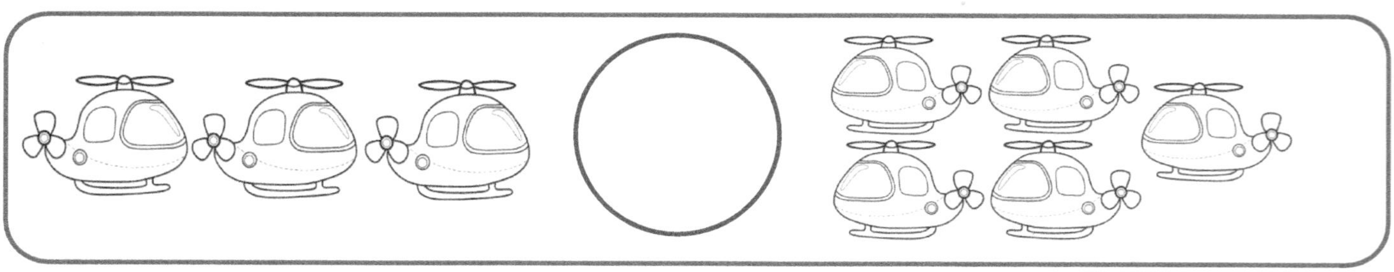

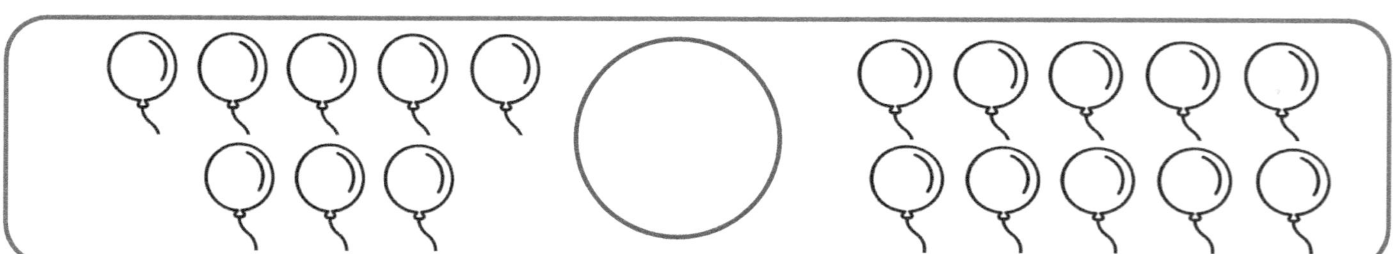

Comparer et Ranger les Nombres

Encerclez le nombre **le plus grand** dans chaque groupe

2 - 0 - 1

5 - 2 - 9

3 - 6 - 7

8 - 10 - 6

Encerclez le nombre **le plus petit** dans chaque groupe

10 - 3 - 4

2 - 8 - 5

3 - 1 - 6

9 - 10 - 8

Comparer et Ranger les Nombres

Ranger les nombres dans l'ordre croissant.
Ranger les nombres du plus petit au plus grand.

5 - 9 - 7 - 2

Quel est le plus petit nombre ? est 2

5 - 9 - 7 - 2

Quel est le suivant nombre le plus petit? est 5

5 - 9 - 7 - 2

2 5 7 9

Quel est le suivant nombre le plus petit? est 7

5 - 9 - 7 - 2

Quel est le dernier nombre? est 9

5 - 9 - 7 - 2

Comparer et Ranger les Nombres

❑ Comparer les nombres en utilisant le bon symbole (>, <, =)

2	<	5
6	◯	1
4	◯	7
9	◯	9
5	◯	8
7	◯	9
10	◯	3

❑ Ranger les nombres du plus petit au plus grand.

6, 3, 8, 1

1, 3, 6, 8

4, 2, 7, 6

____, ____, ____, ____

3, 0, 2, 8

____, ____, ____, ____

5, 10, 8, 1

____, ____, ____, ____

7, 9, 5, 4

____, ____, ____, ____

Motifs et Formes

Je découvre

 Carré	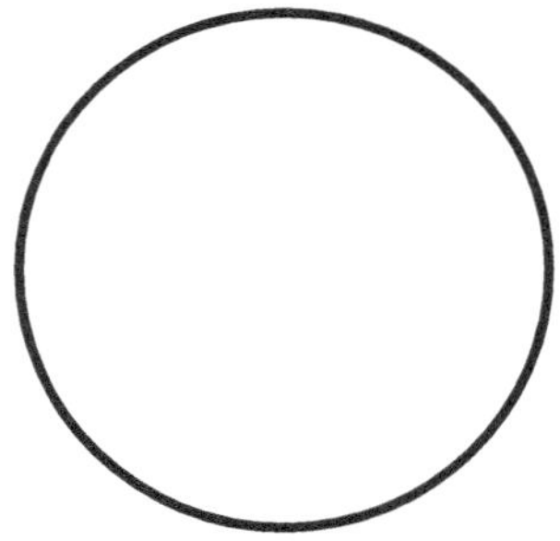 Cercle
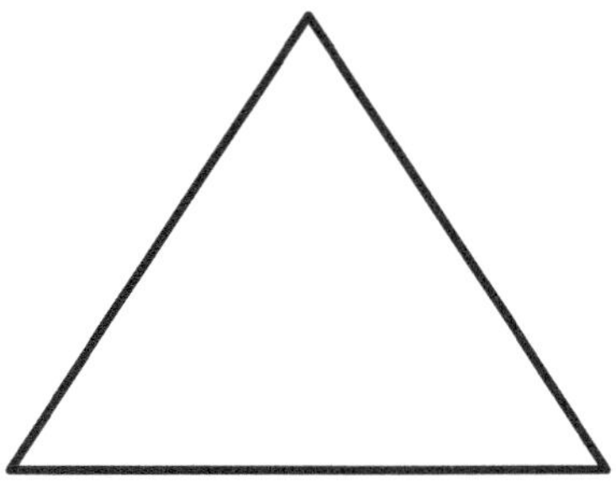 Triangle	 Rectangle
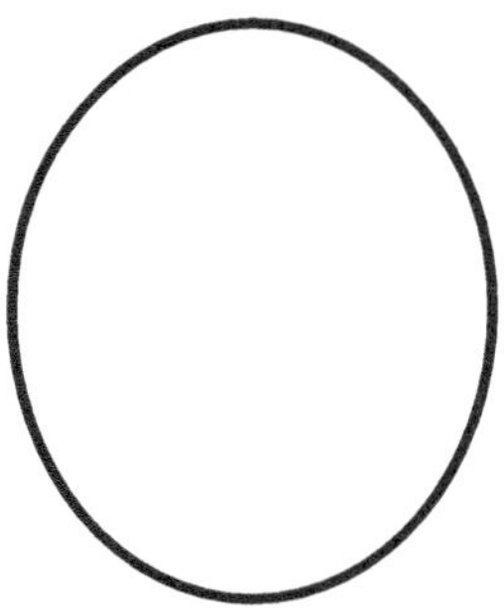 Ovale	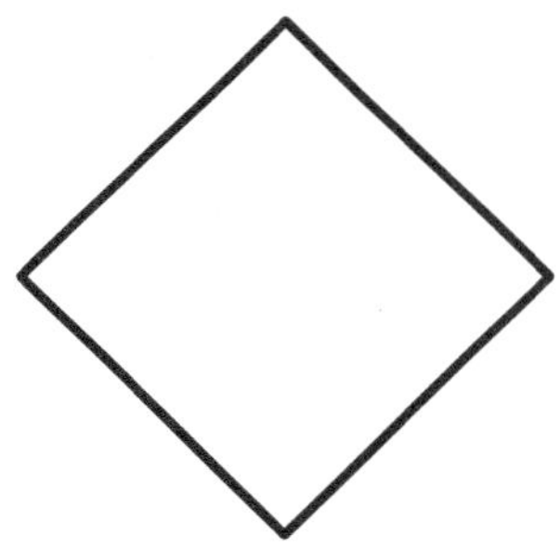 Losange
 Étoile	 Cœur

Motifs et Formes

Quelle forme vient ensuite?

1. 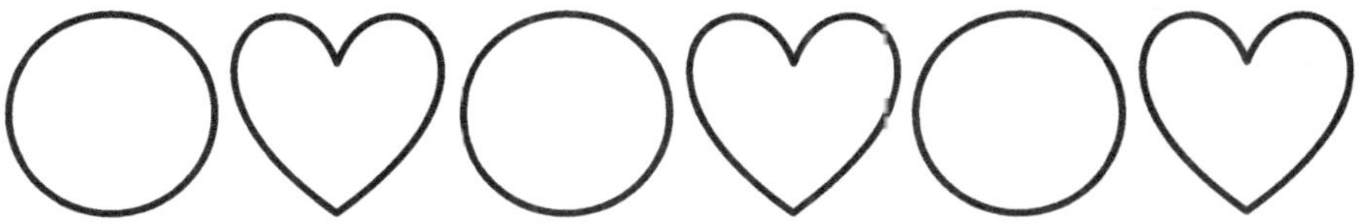

2. 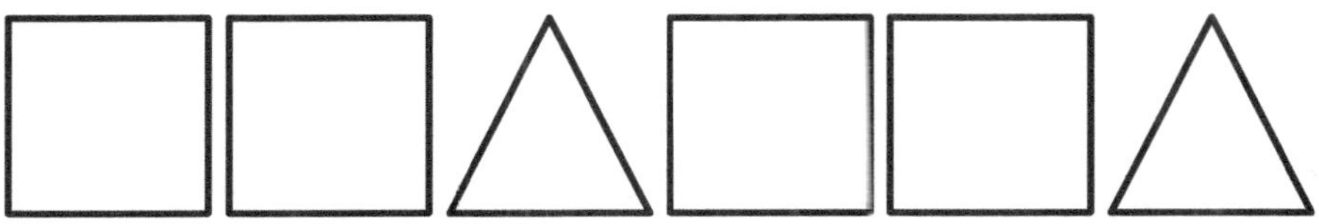

3. 

4. 

5. 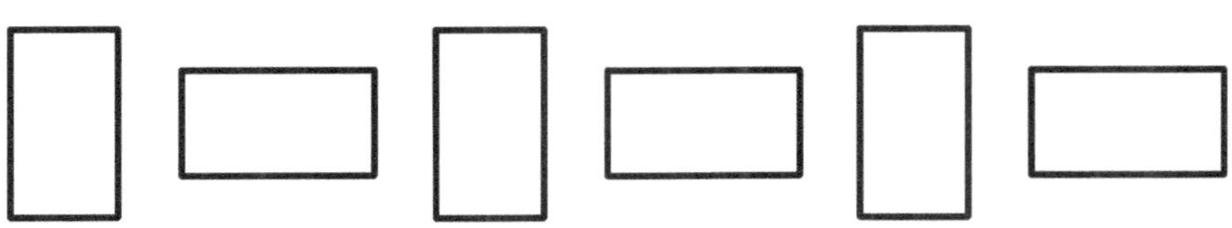

6. 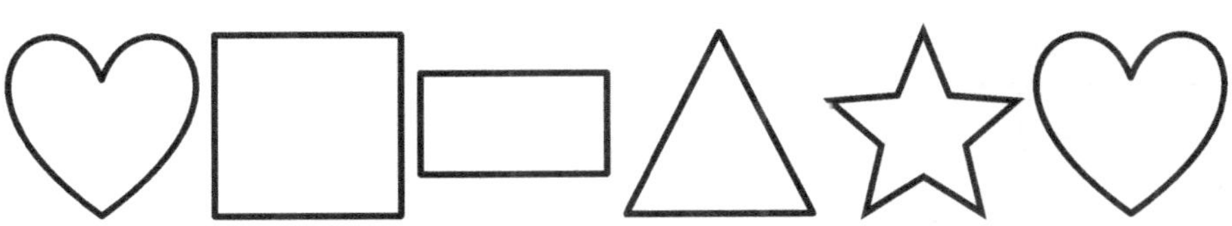

Motifs et Formes

Colorez les carrés en vert, les cercles en orange, les triangles en violet, les rectangles en rose, les étoiles en jaune, les cœurs en rouge, les ovales en beige et les losanges en bleu.

Combien de chaque forme avez-vous trouvé?

Forme	Carré	Cercle	Triangle	Rectangle	Etoile	Cœur	Ovale	Losange
Combien								

Motifs et Formes

Je trace et je colorie les formes.

11 onze

Tracer le nombre **11**

11 11 11 11 11 11

11 11 11 11 11 11

11 11 11 11 11 11

11 11 11 11 11 11

11 11 11 11 11 11

Colorie le nombre **11**

11

Tracer le mot **onze**

onze onze onze onze

onze onze onze onze

11 Arbres

11 12 13 14 15 16 17 18 19 20

12 douze

Tracer le nombre **12**

12 12 12 12 12 12

12 12 12 12 12 12

12 12 12 12 12 12

12 12 12 12 12 12

12 12 12 12 12 12

11 12 13 14 15 16 17 18 19 20

Colorie le nombre **12**

12

Tracer le mot **douze**

douze douze douze douze

douze douze douze douze

12 Clés

11 12 13 14 15 16 17 18 19 20

13 treize

Tracer le nombre **13**

13 13 13 13 13 13

13 13 13 13 13 13

13 13 13 13 13 13

13 13 13 13 13 13

13 13 13 13 13 13

11 12 13 14 15 16 17 18 19 20

Colorie le nombre **13**

13

Tracer le mot **treize**

treize treize treize treize

treize treize treize treize

13 Fraises

11 12 13 14 15 16 17 18 19 20

14 quatorze

Tracer le nombre **14**

14 14 14 14 14 14

14 14 14 14 14 14

14 14 14 14 14 14

14 14 14 14 14 14

14 14 14 14 14 14

11 12 13 14 15 16 17 18 19 20

Colorie le nombre **14**

14

Tracer le mot **quatorze**

quatorze quatorze quatorze

quatorze quatorze quatorze

14 Chapeaux

11 12 13 14 15 16 17 18 19 20

15 quinze

Tracer le nombre **15**

15 15 15 15 15 15

15 15 15 15 15 15

15 15 15 15 15 15

15 15 15 15 15 15

15 15 15 15 15 15

Colorie le nombre **15**

15

Tracer le mot **quinze**

quinze quinze quinze

quinze quinze quinze

15 Poissons

16 seize

Tracer le nombre **16**

16 16 16 16 16 16

16 16 16 16 16 16

16 16 16 16 16 16

16 16 16 16 16 16

16 16 16 16 16 16

11 12 13 14 15 16 17 18 19 20

Colorie le nombre **16**

16

Tracer le mot **seize**

seize seize seize seize

seize seize seize seize

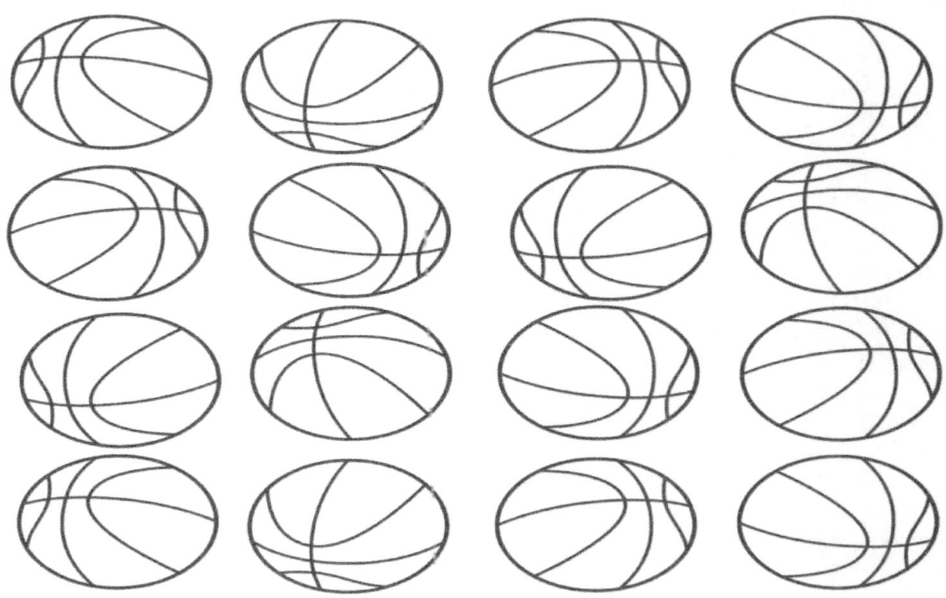

16 Ballons

11 12 13 14 15 16 17 18 19 20

17 dix-sept

Tracer le nombre **17**

17 17 17 17 17 17

17 17 17 17 17 17

17 17 17 17 17 17

17 17 17 17 17 17

17 17 17 17 17 17

11 12 13 14 15 16 17 18 19 20

Colorie le nombre **17**

17

Tracer le mot **dix-sept**

dix-sept dix-sept dix-sept

dix-sept dix-sept dix-sept

17 Abeilles

11 12 13 14 15 16 17 18 19 20

18 dix-huit

Tracer le nombre **18**

18 18 18 18 18 18

18 18 18 18 18 18

18 18 18 18 18 18

18 18 18 18 18 18

18 18 18 18 18 18

11 12 13 14 15 16 17 18 19 20

Colorie le nombre **18**

18

Tracer le mot **dix-huit**

dix-huit dix-huit dix-huit

dix-huit dix-huit dix-huit

18 Coupes

19 dix-neuf

Tracer le nombre **19**

19 19 19 19 19 19

19 19 19 19 19 19

19 19 19 19 19 19

19 19 19 19 19 19

19 19 19 19 19 19

Colorie le nombre **19**

19

Tracer le mot **dix-neuf**

dix-neuf dix-neuf dix-neuf

dix-neuf dix-neuf dix-neuf

19 Étoiles

20 vingt

Trace the number **20**

20 20 20 20 20 20

20 20 20 20 20 20

20 20 20 20 20 20

20 20 20 20 20 20

20 20 20 20 20 20

Colorie le nombre **20**

20

Tracer le mot **vingt**

vingt

20 Lapines

11 12 13 14 15 16 17 18 19 20

Remplir les nombres manquants. Utilisez la ligne numérique si vous avez besoin d'aide.

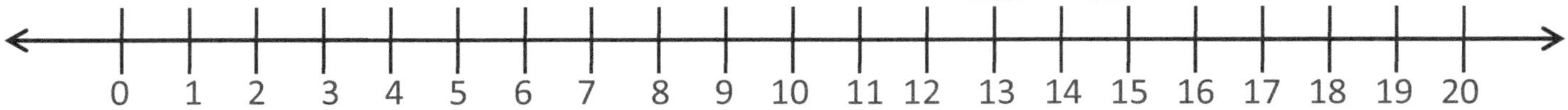

	1			4

5			8		10

	12			

16			19	

11 12 13 14 15 16 17 18 19 20

Compter les objets et écrivez le nombre dans la case.

1) 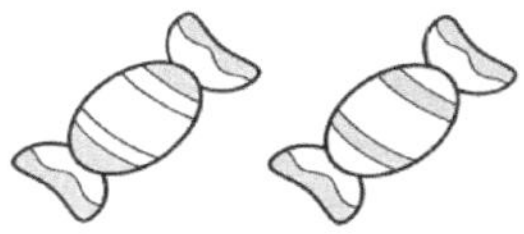 =

2)  =

3)  =

4)  =

5)  =

6)  =

7)  =

8)  =

Les compléments à 10

Je découvre

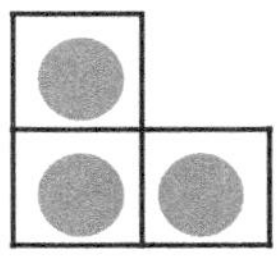 + ? = 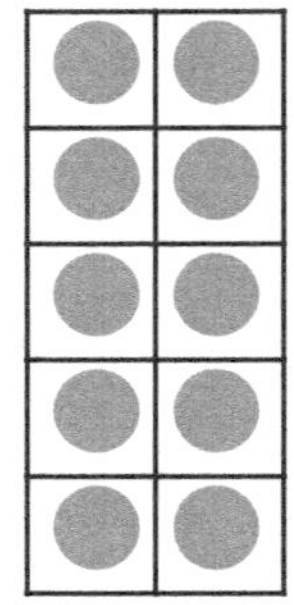

3 + ? = 10

Partie		Partie		Ensemble
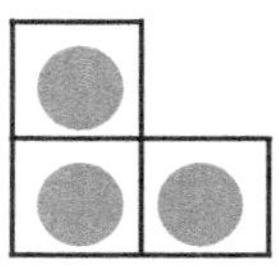	+	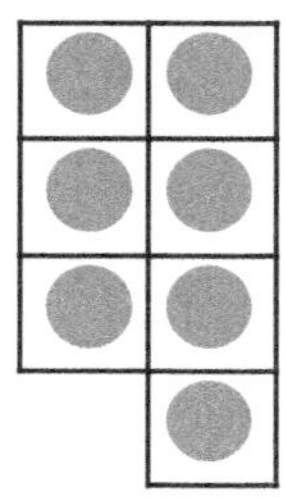	=	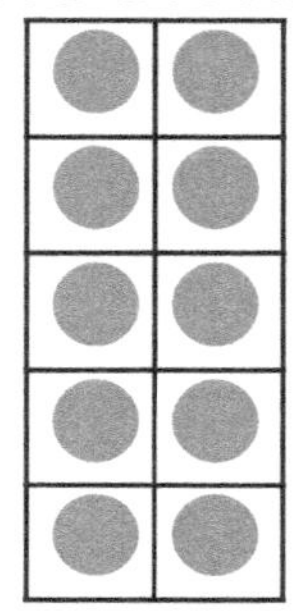
3	+	7	=	10

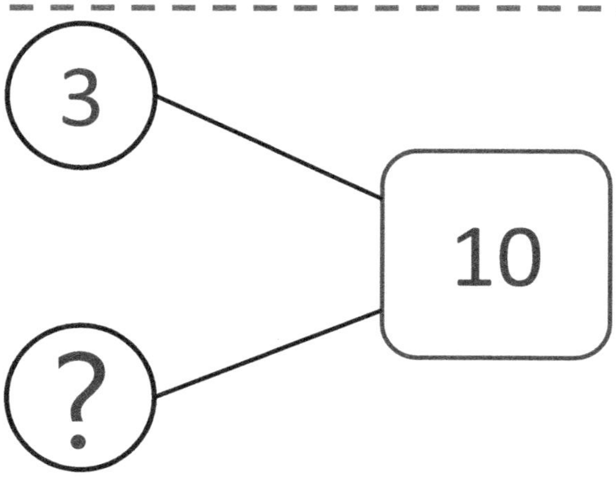

3 + ? = 10

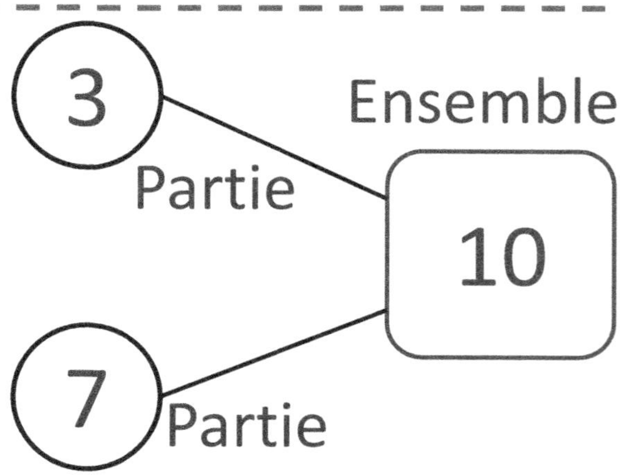

3 + 7 = 10

Les compléments à 10

Dessinez les objets manquants pour faire un total de 10.

6 + 4 = 10

8 + ____ = 10

3 + ____ = 10

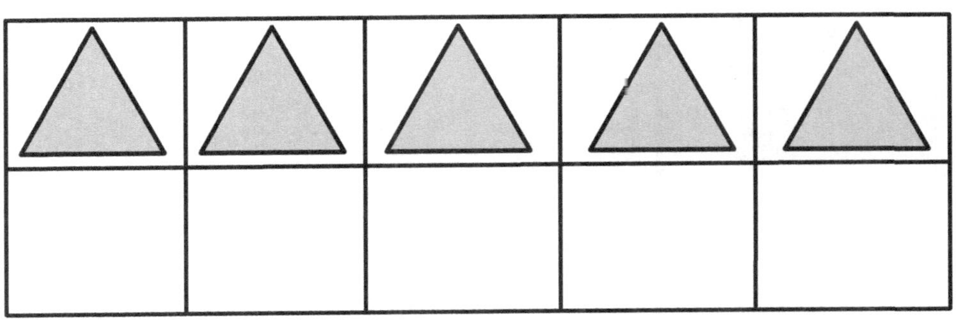

5 + ____ = 10

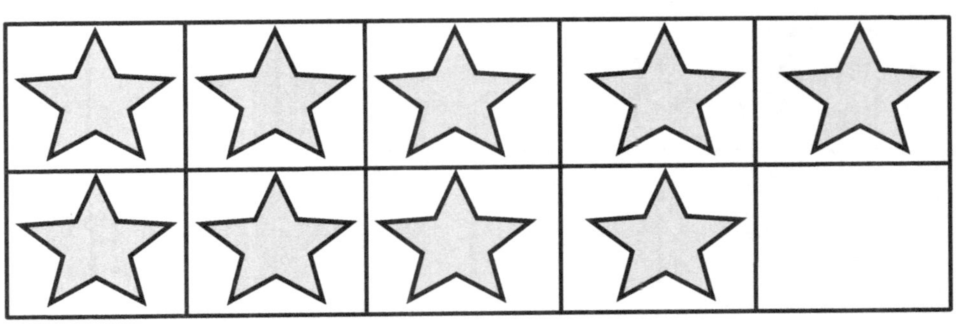

9 + ____ = 10

Les compléments à 20

Quel est le nombre manquant ici ?

Ensemble	Partie	Partie
3	2	1
5	2	
8		4
4	1	
6		4
9	7	
11	5	
16	3	
13		1
15	2	
20	8	
17		5

Les compléments à 20

Complétez le lien numérique. Terminer l'expression numérique qui correspond.

4, 3 → 7 4 + 3 = 7	4, 5 → ( ) 4 + 5 = ____	1, ( ) → 3 1 + ____ = 3
( ), 3 → 5 ____ + 3 = 5	5, 5 → ( ) 5 + 5 = ____	10, 5 → ( ) 10 + 5 = ____
8, 7 → ( ) 8 + 7 = ____	12, ( ) → 16 12 + ____ = 16	( ), 1 → 10 ____ + 1 = 10
( ), 4 → 19 ____ + 4 = 19	13, ( ) → 20 13 + ____ = 20	9, 8 → ( ) 9 + 8 = ____

Addition

Je découvre

2 + 1 = 3

2 + 2 = 4

2 + 3 = 5

Addition

Comptez et écrivez le bon nombre dans la case.

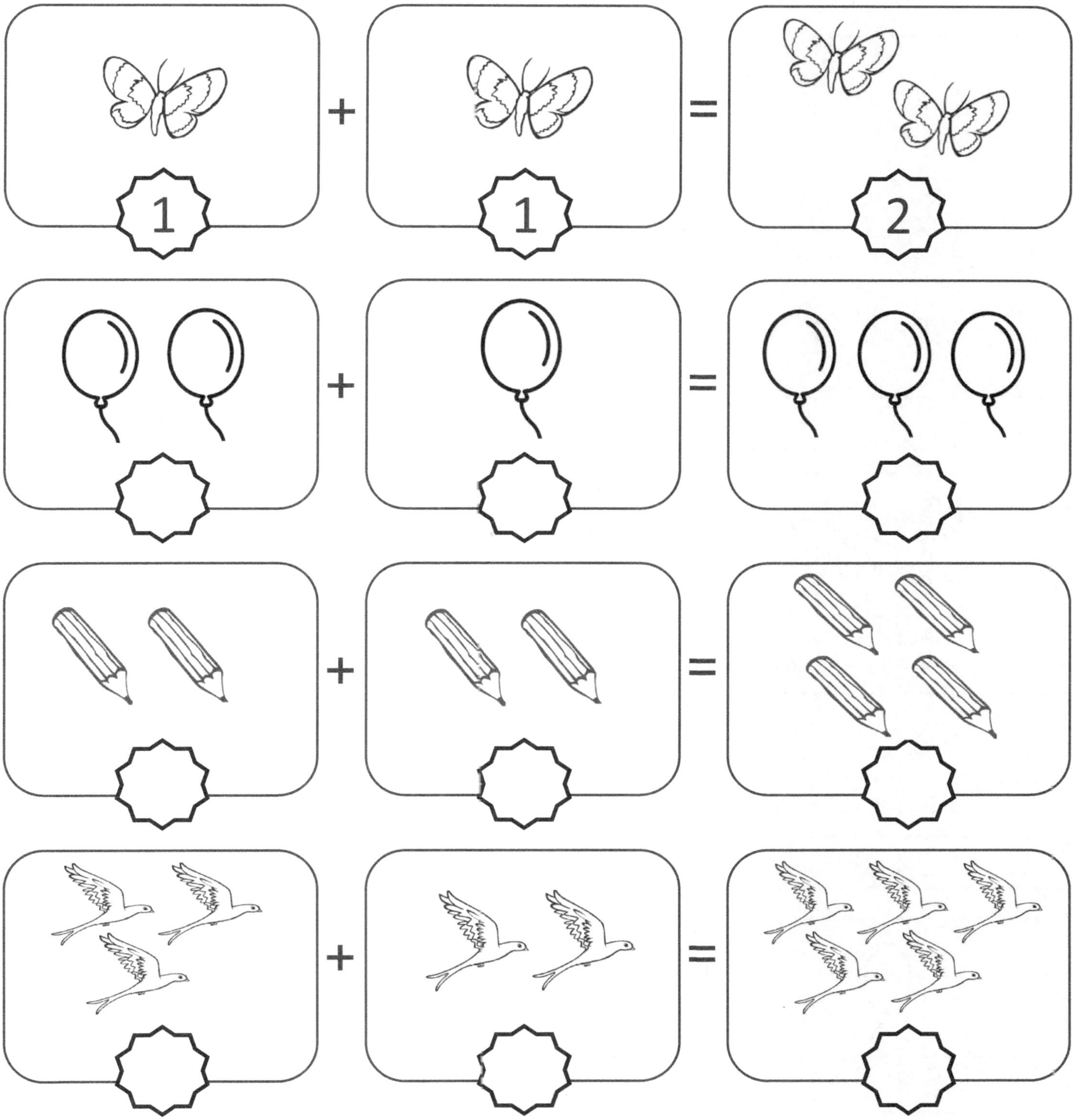

Addition

Entourez la somme correcte qui correspond à l'image.

3 + 5	2 + 4	2 + 3

5 + 1	4 + 3	1 + 6

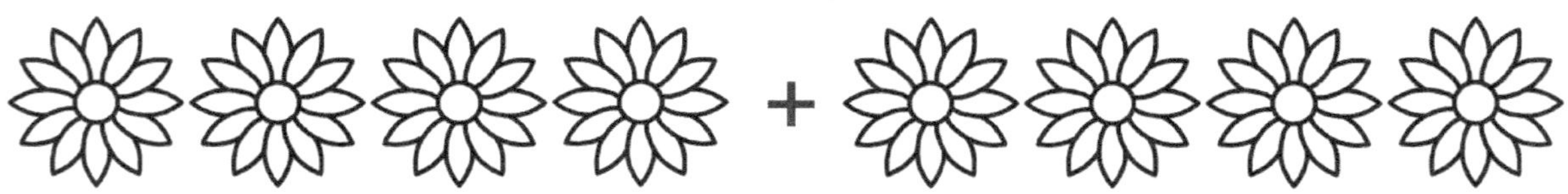

4 + 4	3 + 7	6 + 5

2 + 8	3 + 4	6 + 4

5 + 5	2 + 7	4 + 5

Addition

Compter, additionner et entourer le bon nombre.

 +  = 4 5 6

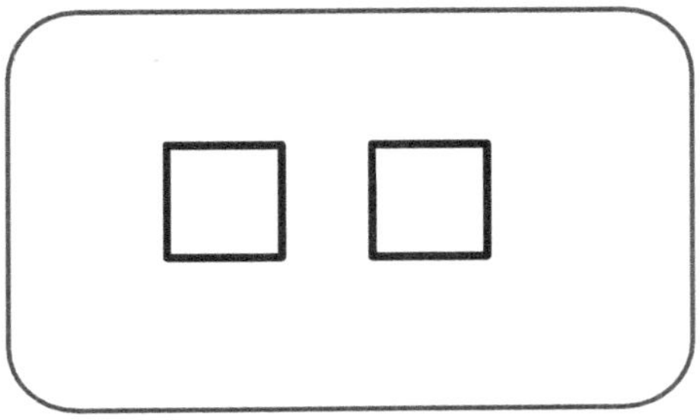 + 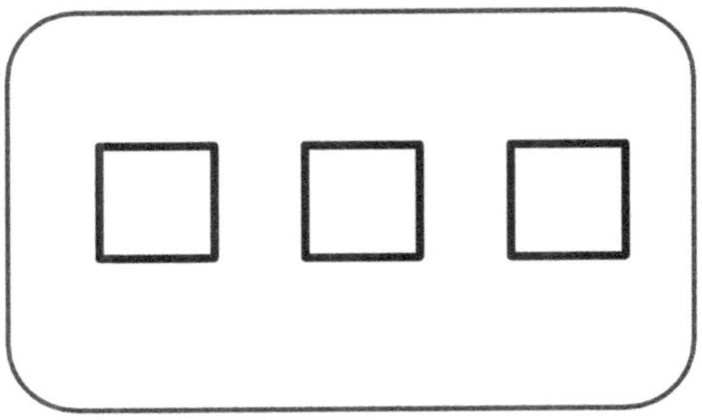 = 5 6 7

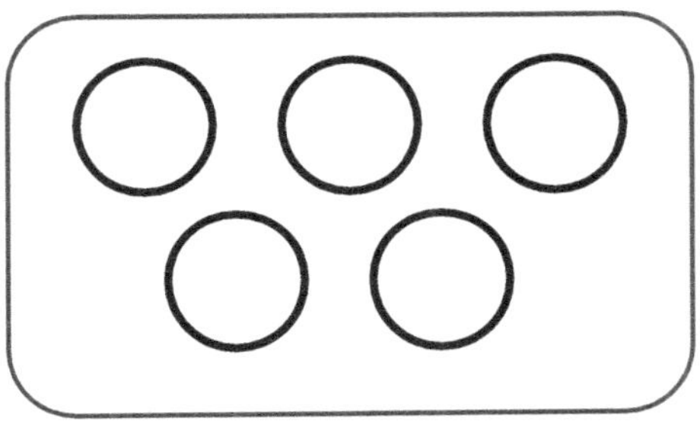 + 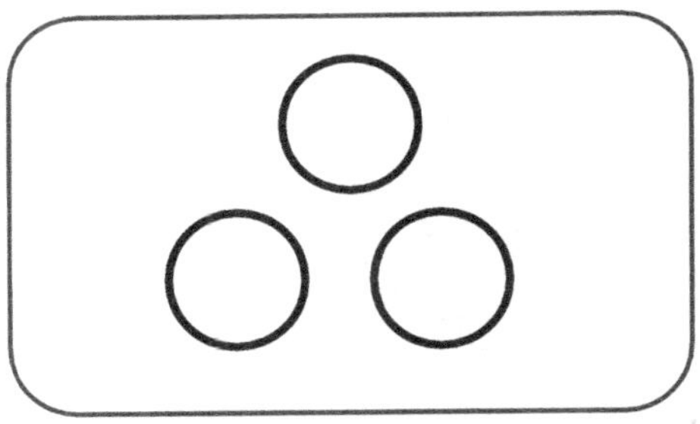 = 6 7 8

 +  = 5 6 7

 +  = 4 5 6

Addition

Compter et calculer la somme.

= ☐ + ☐ = ☐

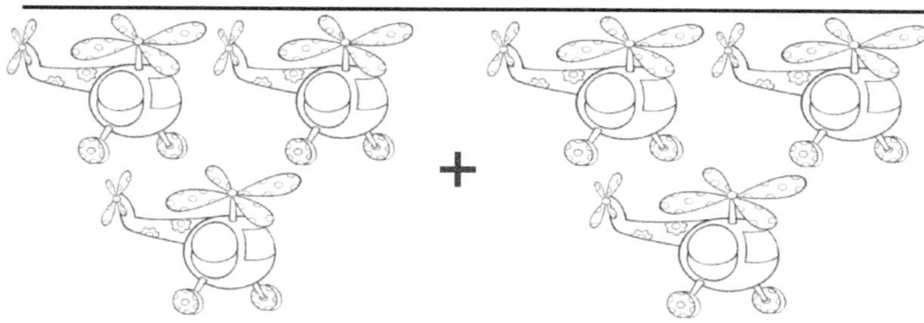

= ☐ + ☐ = ☐

= ☐ + ☐ = ☐

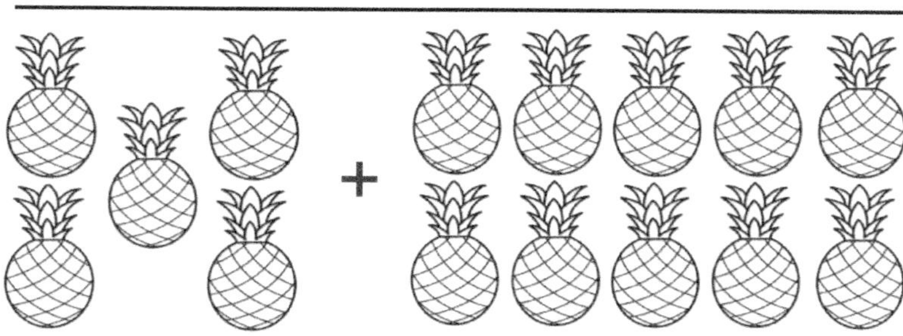

= ☐ + ☐ = ☐

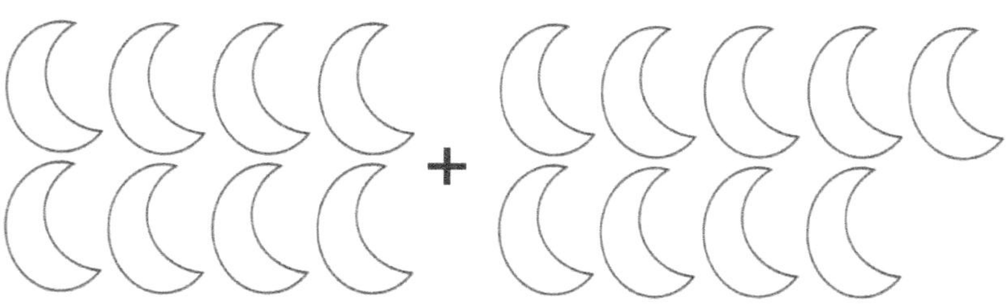

= ☐ + ☐ = ☐

Addition

Comptez et écrivez le bon nombre dans la case.

 +  =

 +  =

 +  =

1 + 1 =

2 + 1 =

3 + 1 =

4 + 1 =

Soustraction

Je découvre

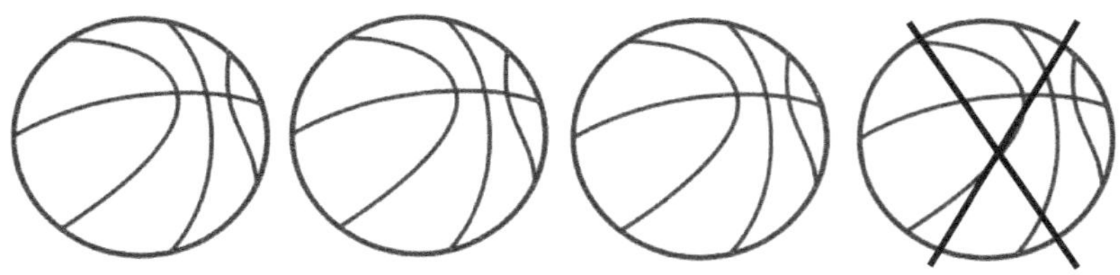

4 - 1 = 3

7 - 3 = 4

8 - 2 = 6

Soustraction

Comptez les images et soustrayez.

3 – 2 = 1

6 – 4 = ____

4 – 1 = ____

7 – 3 = ____

5 – 2 = ____

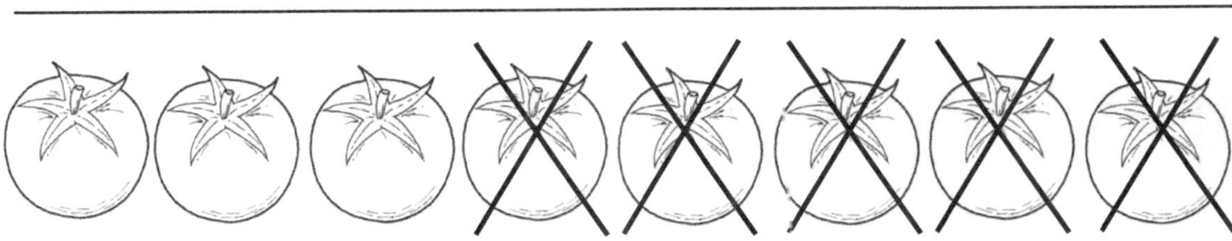

8 – 5 = ____

Soustraction

Écrivez la réponse sous la ligne. Utilisez les formes pour vous aider.

6 – 3 = 3

5 – 2 = ____

4 – 1 = ____

5 – 4 = ____

7 – 5 = ____

6 – 2 = ____

8 – 5 = ____

6 – 3 = ____

7 – 3 = ____

9 – 4 = ____

7 – 6 = ____

8 – 2 = ____

Soustraction

Soustraire pour trouver chaque différence.

5 – 2 = ☐	4 – 3 = ☐
8 – 4 = ☐	7 – 5 = ☐
6 – 1 = ☐	8 – 2 = ☐
7 – 3 = ☐	5 – 4 = ☐
9 – 3 = ☐	9 – 7 = ☐

Soustraction

Comptez, soustrayez et écrivez le résultat sur la ligne.

 -  =

5 3 2

 -  =

____ ____ ____

 -  =

____ ____ ____

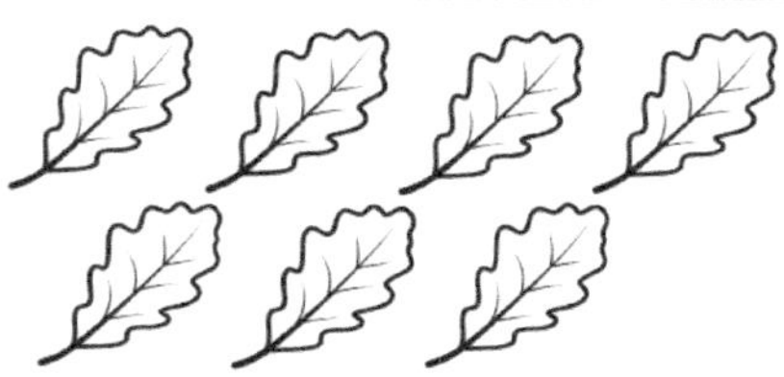 - 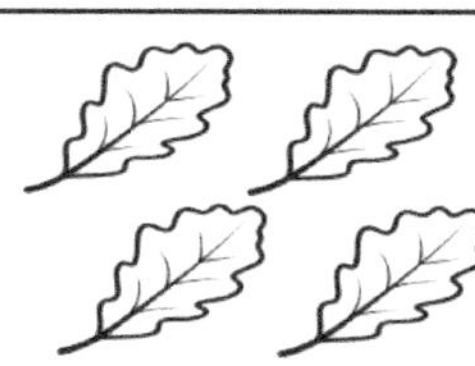 =

____ ____ ____

 -  =

____ ____ ____

Soustraction

Compter et soustraire

= ☐ – ☐ = ☐

= ☐ – ☐ = ☐

= ☐ – ☐ = ☐

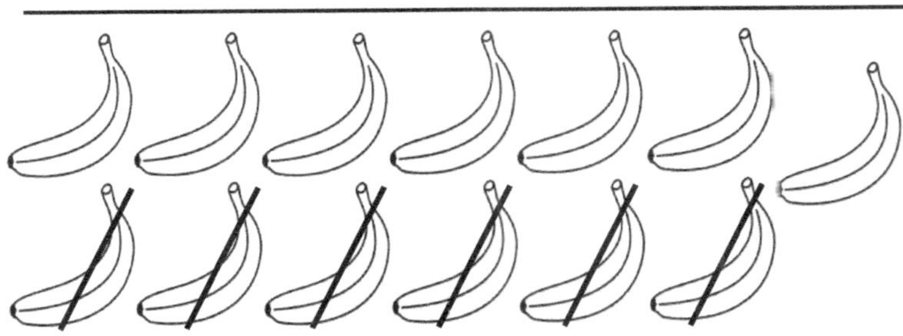

= ☐ – ☐ = ☐

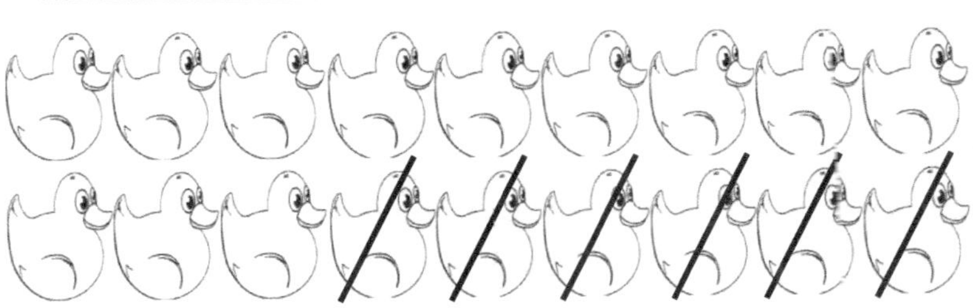

= ☐ – ☐ = ☐

Soustraction

Count and write the correct number in the box.

 -  = ☐

 -  = ☐

 -  = ☐

---

4 - 1 = ☐

6 - 1 = ☐

5 - 1 = ☐

7 - 1 = ☐

Addition et Soustraction

Résolution de problème

Rose avait 1 pomme.

Emma avait 3 pommes.

Combien de pommes en tout ? ☐ + ☐ = ☐

Jade a 2 petites voitures et 4 ours en peluche.

Combien a-t-il de jouets en tout ? ☐ Jouets

Mia achète deux livres chaque semaine.

Semaine 1 Semaine 2

Combien de livres aura-t-elle au bout de deux semaines ?

☐ Livres

Addition et Soustraction

Résolution de problème

Il y avait 7 oiseaux assis sur un arbre.
3 d'entre eux s'envolent.

Combien d'oiseaux reste-t-il sur l'arbre ? ☐ Oiseaux

Léo avait 9 pièces. Il en a donné 4 à sa sœur cadette.

Combien de pièces Léo a-t-il maintenant ? ☐ Pièces

Gabriel a 8 ballons.
3 d'entre eux ont éclaté.

Combien reste-t-il de ballons ? ☐ Ballons

Addition et Soustraction

Résolution de problème

4 pommes tombent d'un arbre.
2 autres pommes tombent.
Combien de pommes sont tombées ?

Dessine le...

Écrivez l'équation : ☐ + ☐ = ☐

Il y a 5 abeilles.
Il y a 2 papillons.
Combien y a-t-il de bugs en tout ?

Dessine le...

Écrivez l'équation : ☐ + ☐ = ☐

Addition et Soustraction

Je peux faire l'addition...		*je peux faire la soustraction...*	
3 + 4 =	-----	6 - 1 =	-----
1 + 6 =	-----	5 - 4 =	-----
5 + 3 =	-----	3 - 3 =	-----
4 + 4 =	-----	7 - 4 =	-----
9 + 5 =	-----	4 - 2 =	-----
2 + 9 =	-----	8 - 3 =	-----
7 + 3 =	-----	6 - 4 =	-----
8 + 4 =	-----	9 - 9 =	-----
6 + 11 =	-----	10 - 5 =	-----
10 + 2 =	-----	14 - 2 =	-----
13 + 1 =	-----	17 - 10 =	-----
1 + 19 =	-----	15 - 11 =	-----
9 + 6 =	-----	20 - 14 =	-----

Addition et Soustraction

Colorie la chenille à l'aide de la clé ci-dessous

1 = Bleu
2 = Rouge
3 = jaune
4 = Vert
5 = orange
6 = violet
7 = noir
8 = Beige
9 = Marron
10 = Gris
11 = rose
12 = Blanc
13 = cramoisi
14 = marron

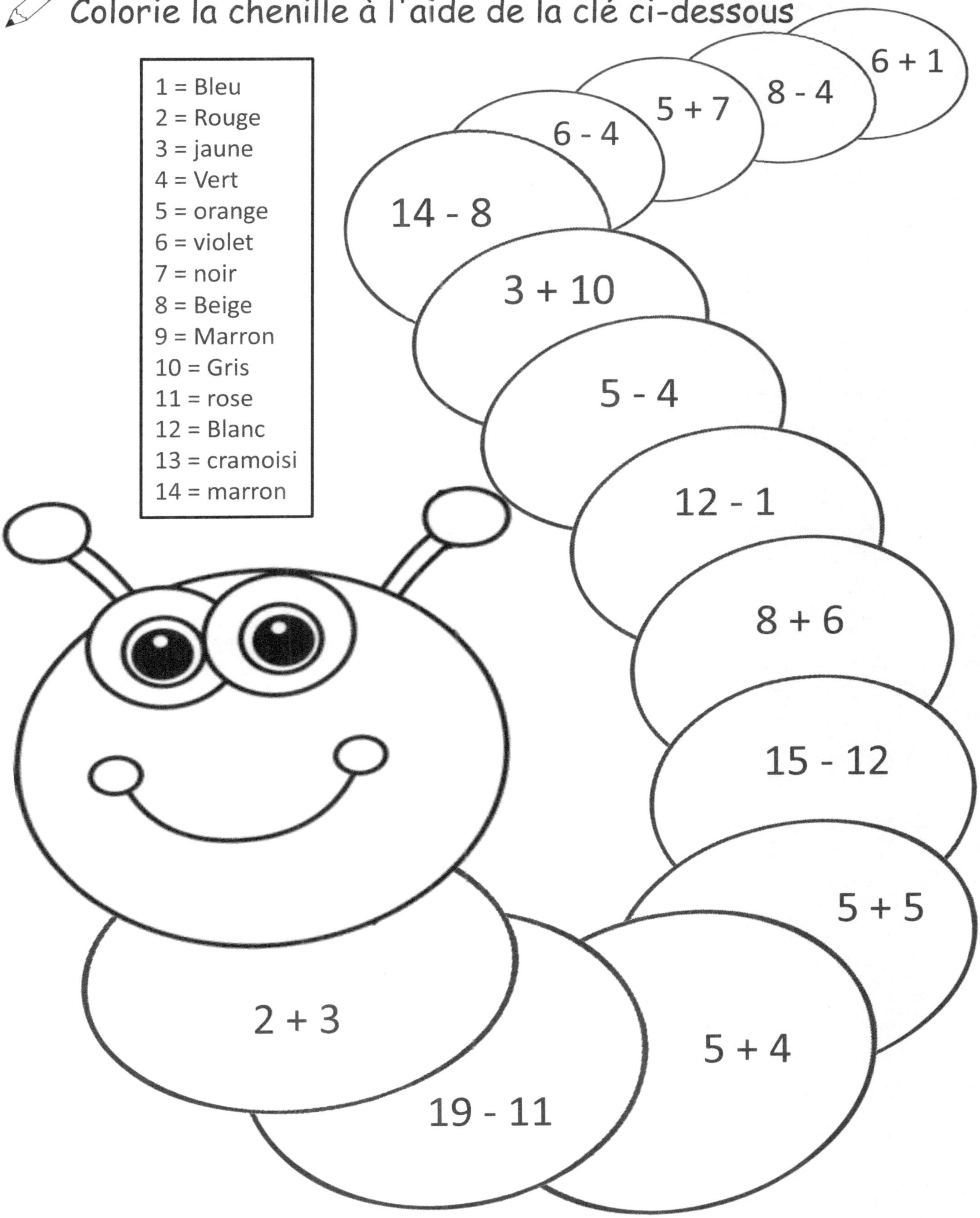

Nombres jusqu'à 100

Trace les nombres jusqu'à 100

1 - 2 - 3 - 4 - 5 - 6 - 7 - 8 - 9 - 10

11 - 12 - 13 - 14 - 15 - 16 - 17 - 18 - 19 - 20

21 - 22 - 23 - 24 - 25 - 26 - 27 - 28 - 29 - 30

31 - 32 - 33 - 34 - 35 - 36 - 37 - 38 - 39 - 40

41 - 42 - 43 - 44 - 45 - 46 - 47 - 48 - 49 - 50

51 - 52 - 53 - 54 - 55 - 56 - 57 - 58 - 59 - 60

61 - 62 - 63 - 64 - 65 - 66 - 67 - 68 - 69 - 70

71 - 72 - 73 - 74 - 75 - 76 - 77 - 78 - 79 - 80

81 - 82 - 83 - 84 - 85 - 86 - 87 - 88 - 89 - 90

91 - 92 - 93 - 94 - 95 - 96 - 97 - 98 - 99 - 100

Nombres jusqu'à 100

Tracer et lire les nombres

10 dix

20 vingt

30 trente

40 quarante

50 cinquante

60 soixante

70 soixante-dix

80 quatre-vingts

90 quatre-vingt-dix

100 cent

Nombres jusqu'à 100

Écris les numéros manquants.

1	2	3		5	6	7	8		10
11		13	14	15	16	17	18	19	20
21	22	23	24	25	26		28	29	30
31	32		34	35	36	37	38	39	40
41	42	43	44	45	46		48	49	
51	52	53	54		56	57	58	59	60
	62	63	64	65	66	67	68	69	70
71	72	73		75	76	77		79	80
81	82	83	84	85		87	88	89	90
91	92		94	95	96	97	98		100

Mesure

Taille : Grand et Petit

Je découvre

Petit

Grand

Grand

Petit

Petit

Grand

Mesure

Taille : Grand et Petit

Entoure la petite image.

Mesure

Taille : Grand et Petit

Colorie la plus grande image de chaque rangée.

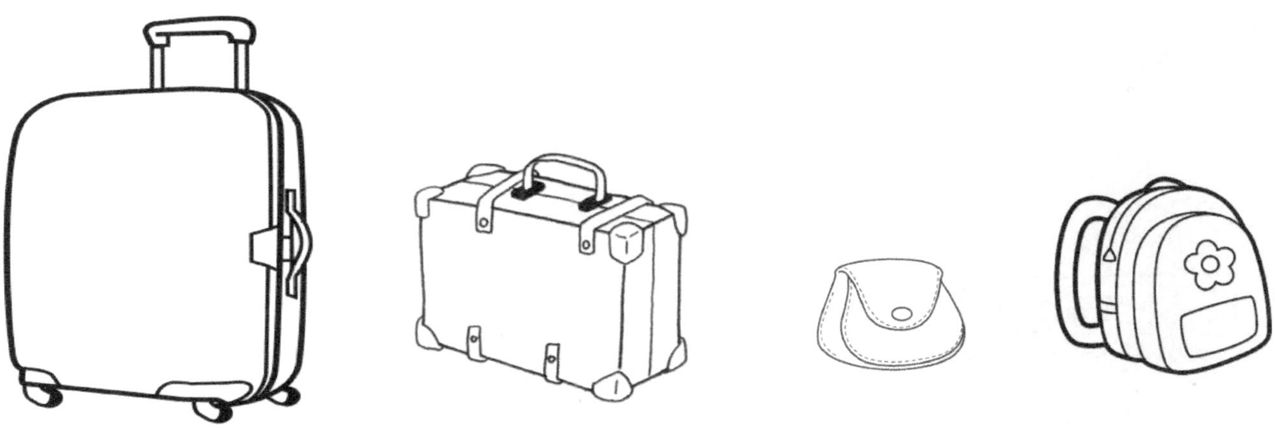

Mesure

Taille : Grand et Petit

Associez la forme la plus grande à gauche à la même forme plus petite à droite.

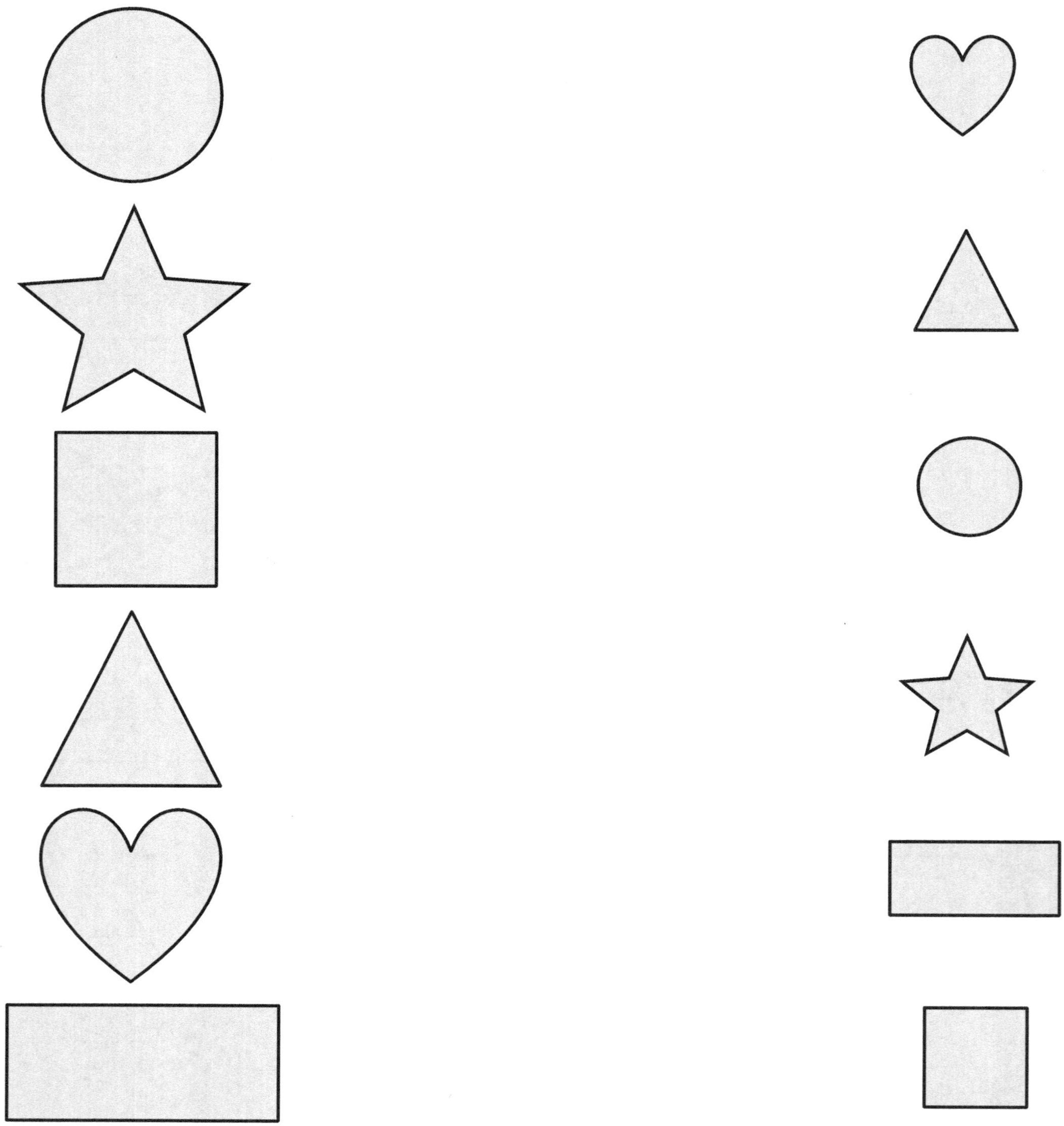

Mesure

Taille : Grand et Petit

Grand ou petit? Entoure la bonne image.

Petit

Grand

Grand

Petit

Grand

Petit

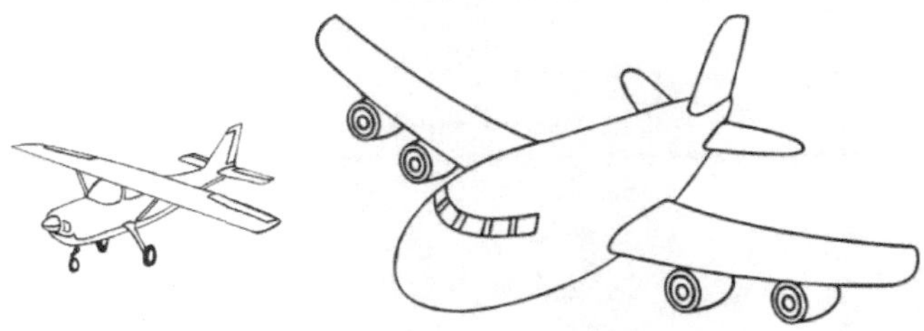

Petit

Grand

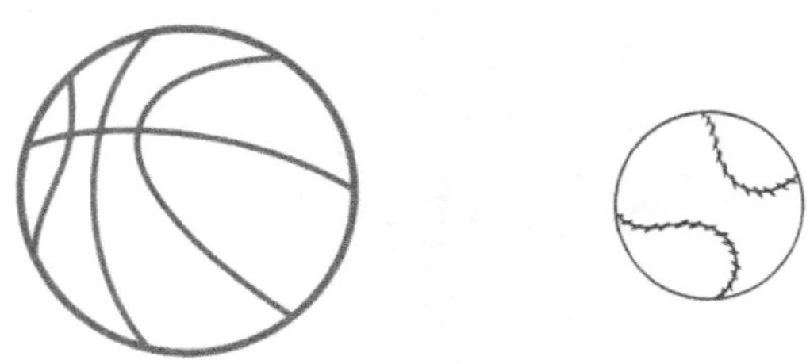

Mesure

Longueur : Long et Court

Je découvre

Court

Long

Long

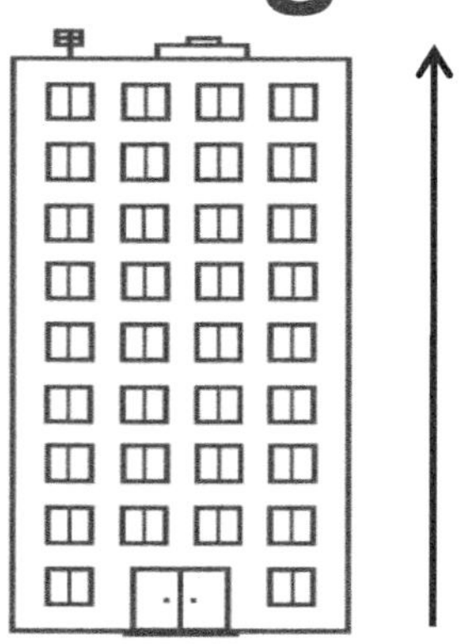

Court

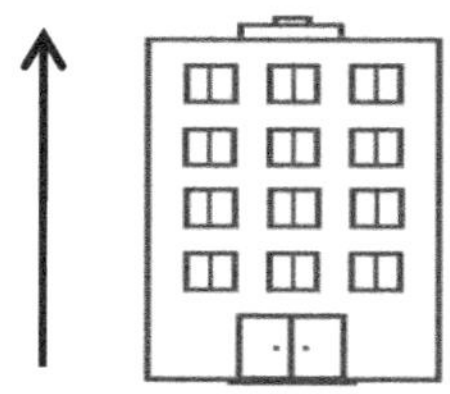

Court

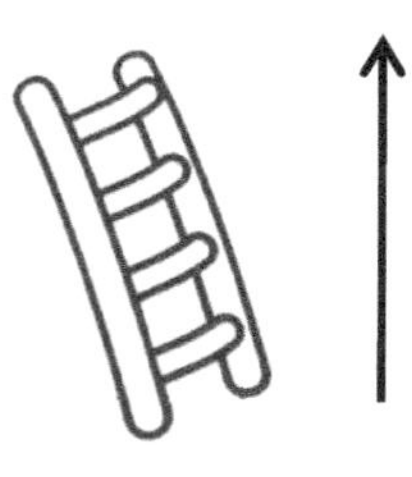

Long

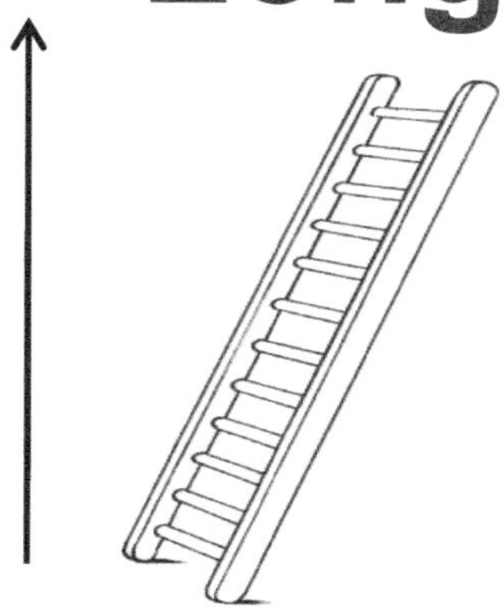

Mesure

Longueur : Long et Court

Lequel est le plus long ?

Mesure

Longueur : Long et Court

Colorie l'image la plus courte dans chaque rangée.

Mesure

Longueur : Long et Court

Regardez les formes dans chacune des six sections.
Colorez la forme long en rouge et la forme courte en jaune.

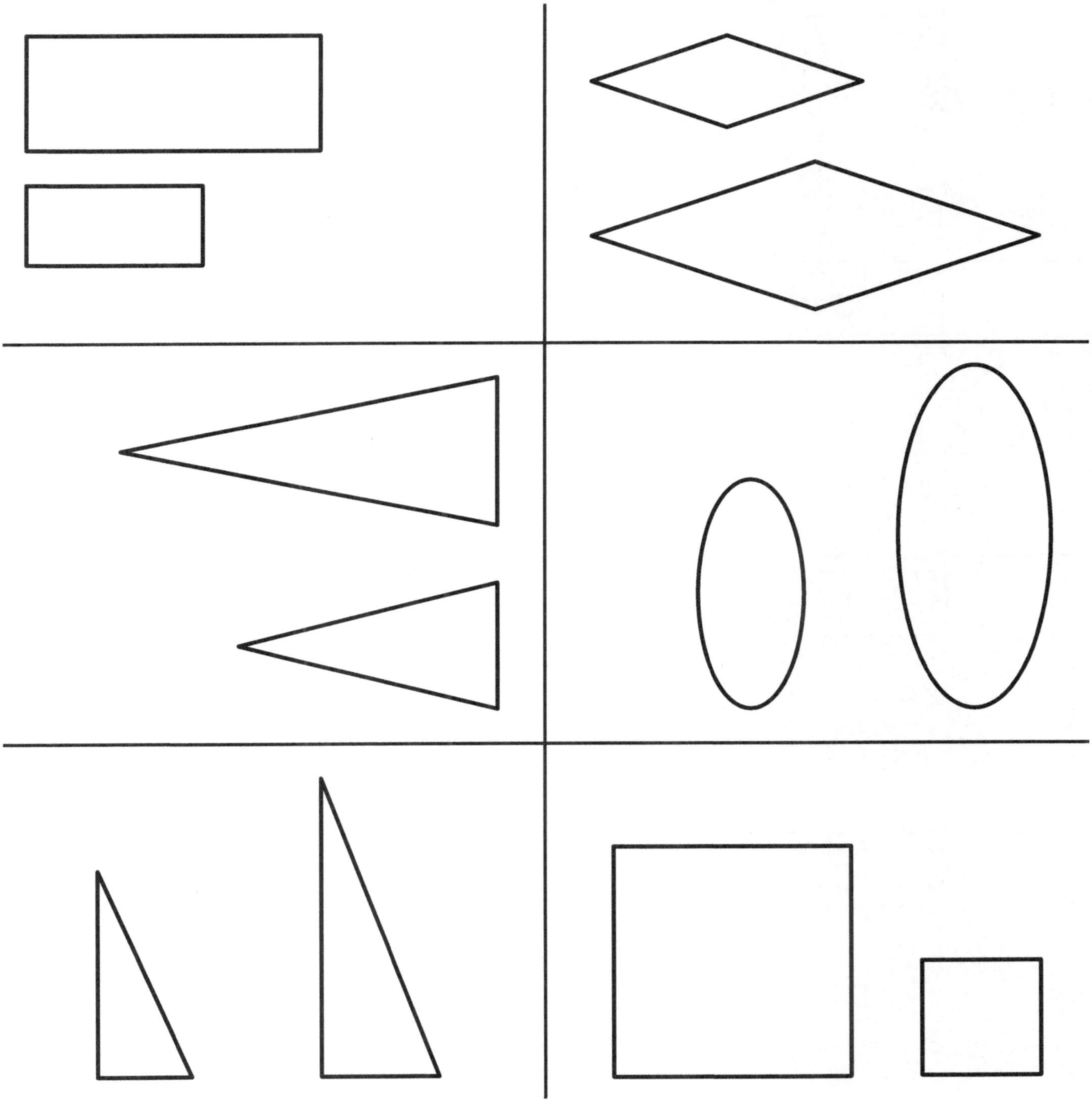

Mesure

Longueur : Long et Court

Court ou Long ? Entoure la bonne image.

Long

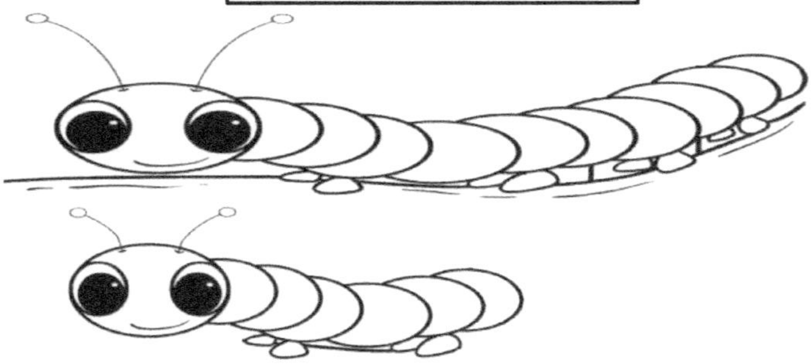

Court

Court

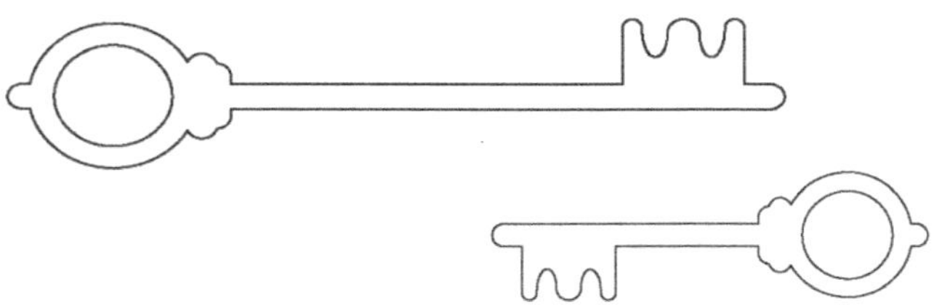

Court

Long

Long

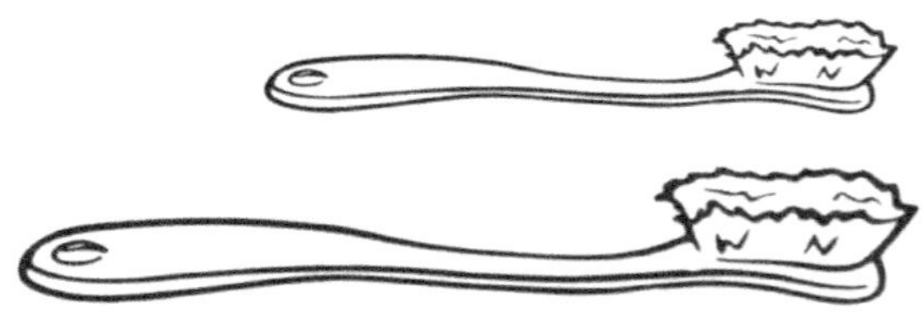

Court

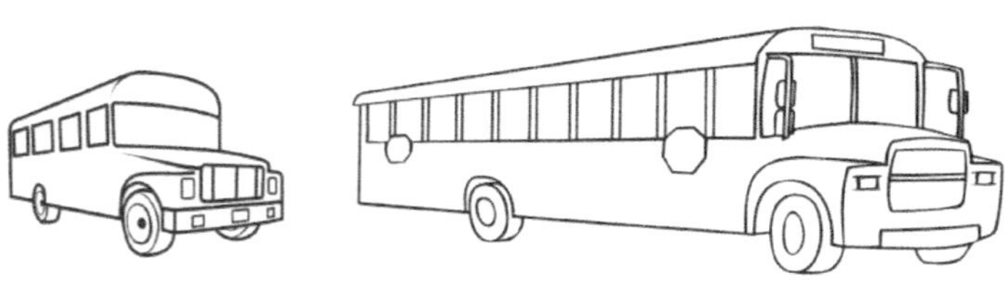

Long

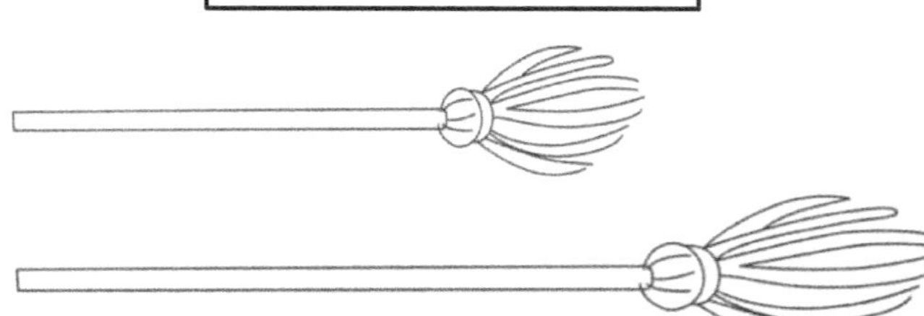

Mesure

Masse : Lourd et Léger

Je découvre

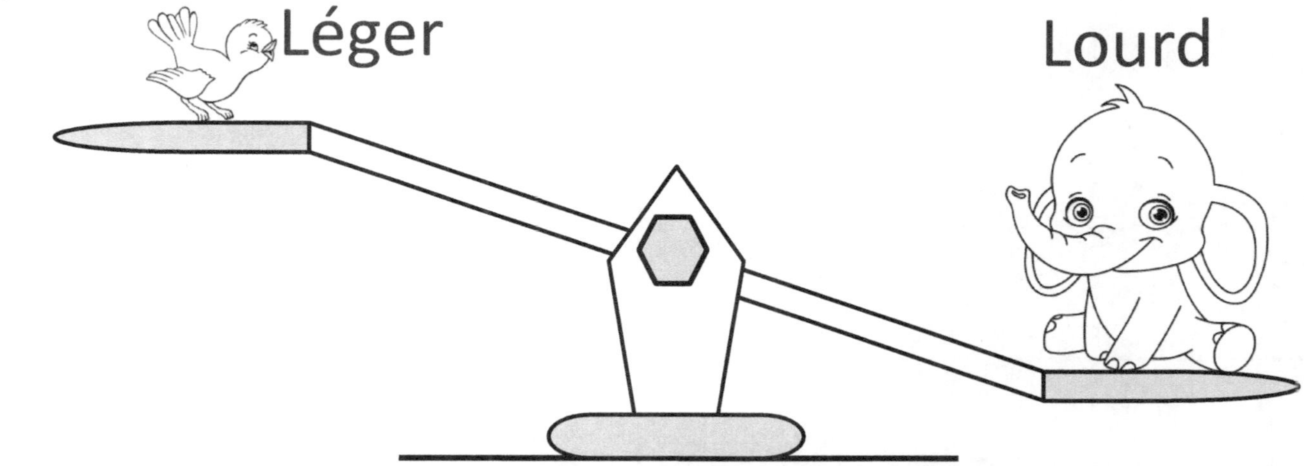

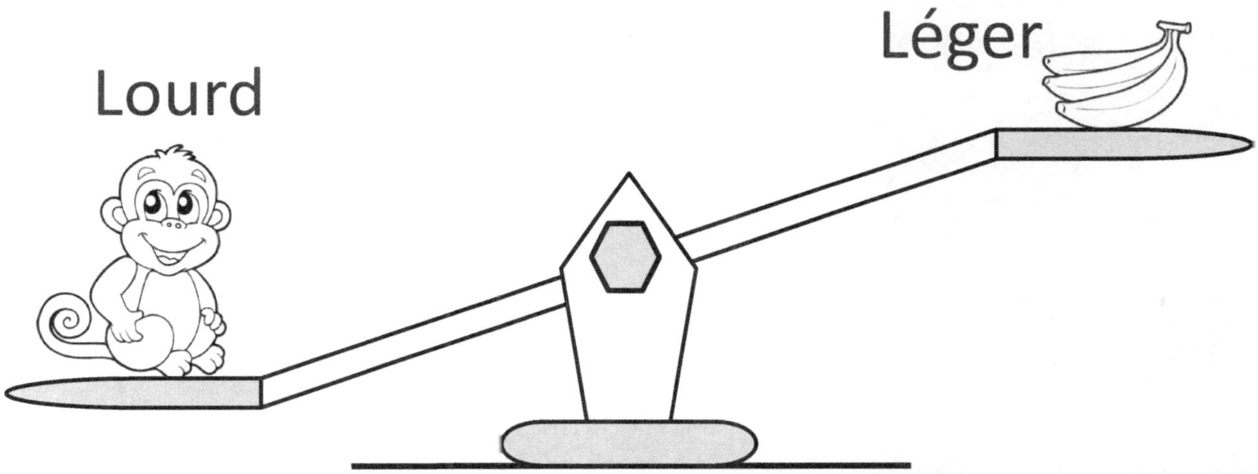

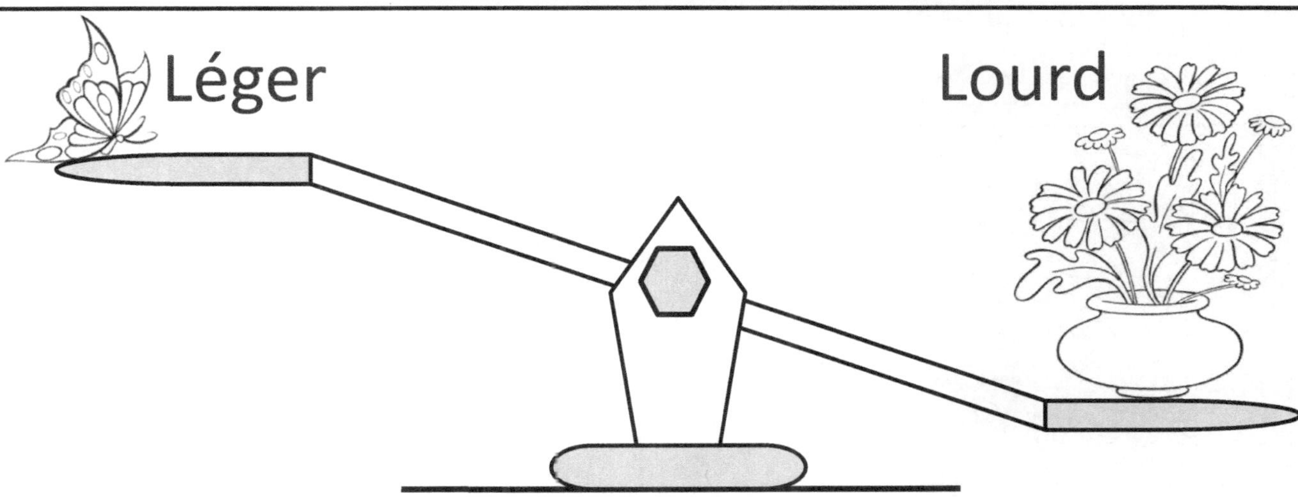

Mesure

Masse : Lourd et Léger

Colorie le plus lourd en rouge et le plus léger en jaune.

Mesure

Masse : Lourd et Léger

Quel est l'objet le plus lourd ?

Mesure

Masse : Lourd et Léger

Quel est l'objet le plus léger?

 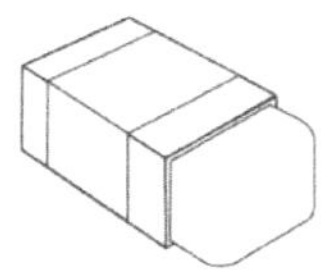

☐ ☒

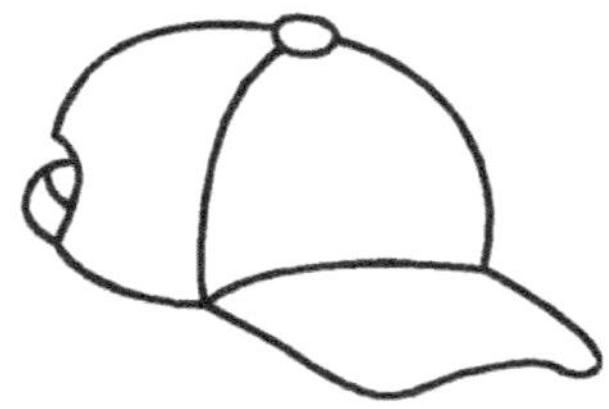 

☐ ☐

 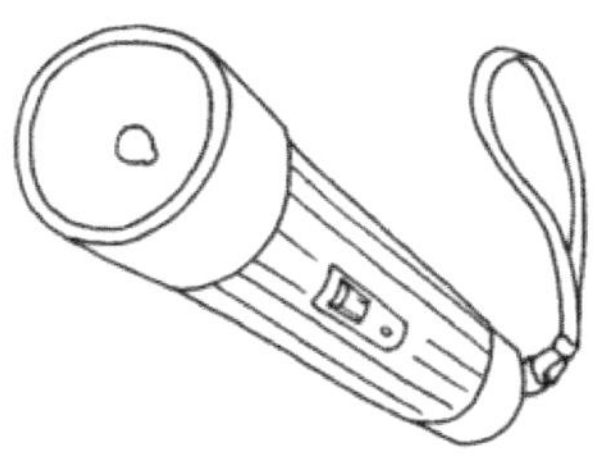

☐ ☐

☐ ☐

☐ ☐

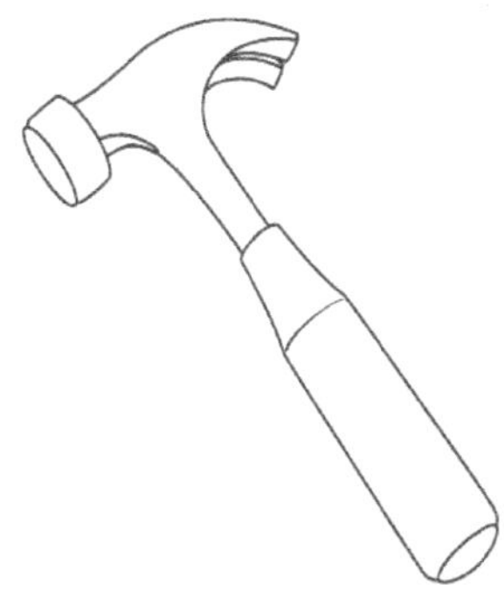 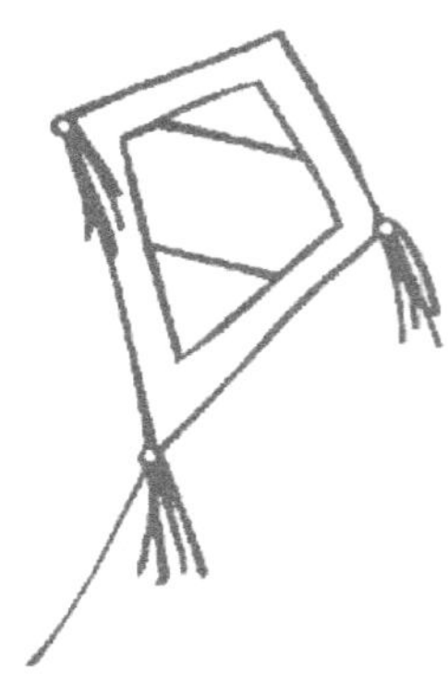

☐ ☐

Mesure

Masse : Lourd et Léger

Colorie le plus lourd en bleu et le plus léger en jaune.

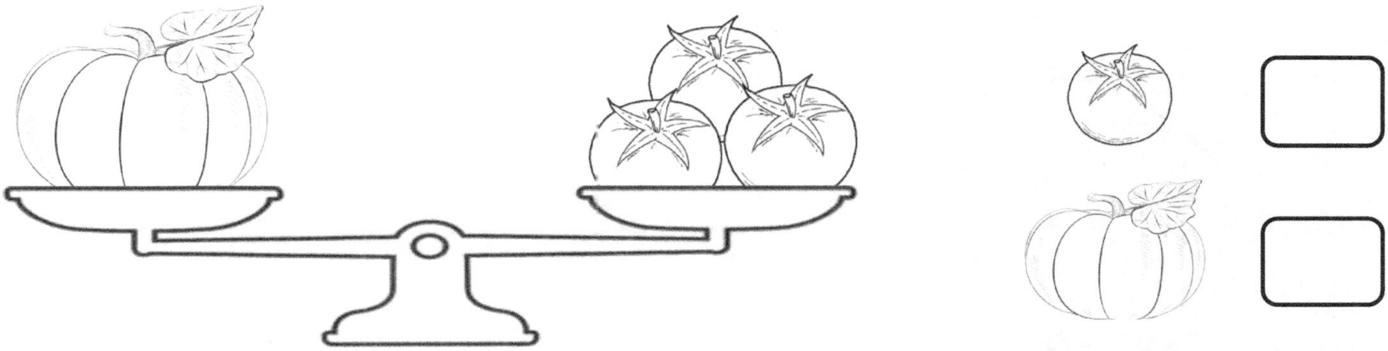

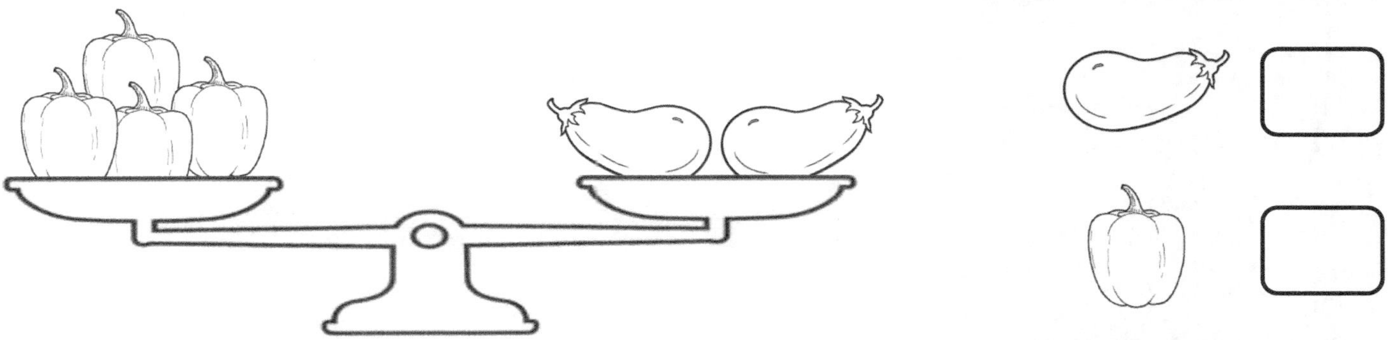

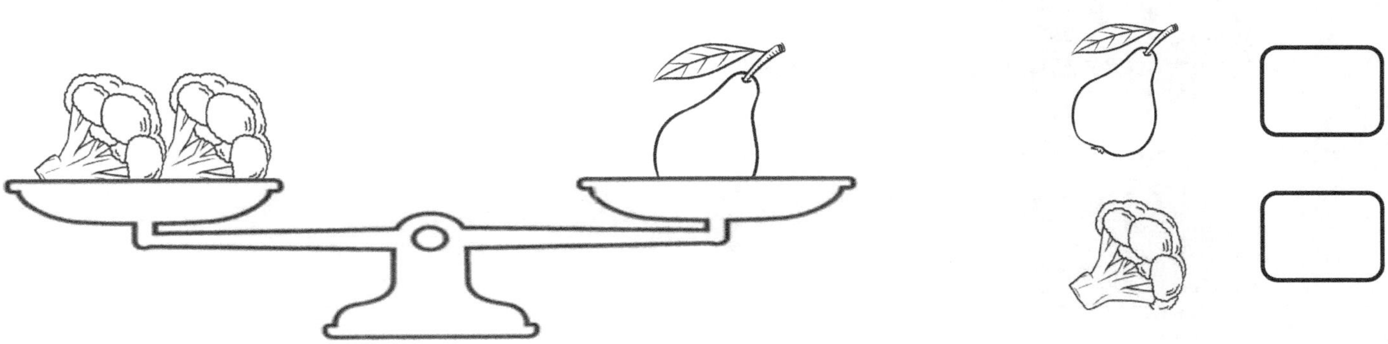

Temps

Je découvre

Dire l'heure : Nous mesurons le temps à l'aide d'horloges

Quelle heure est-il?

Horloge Analogique

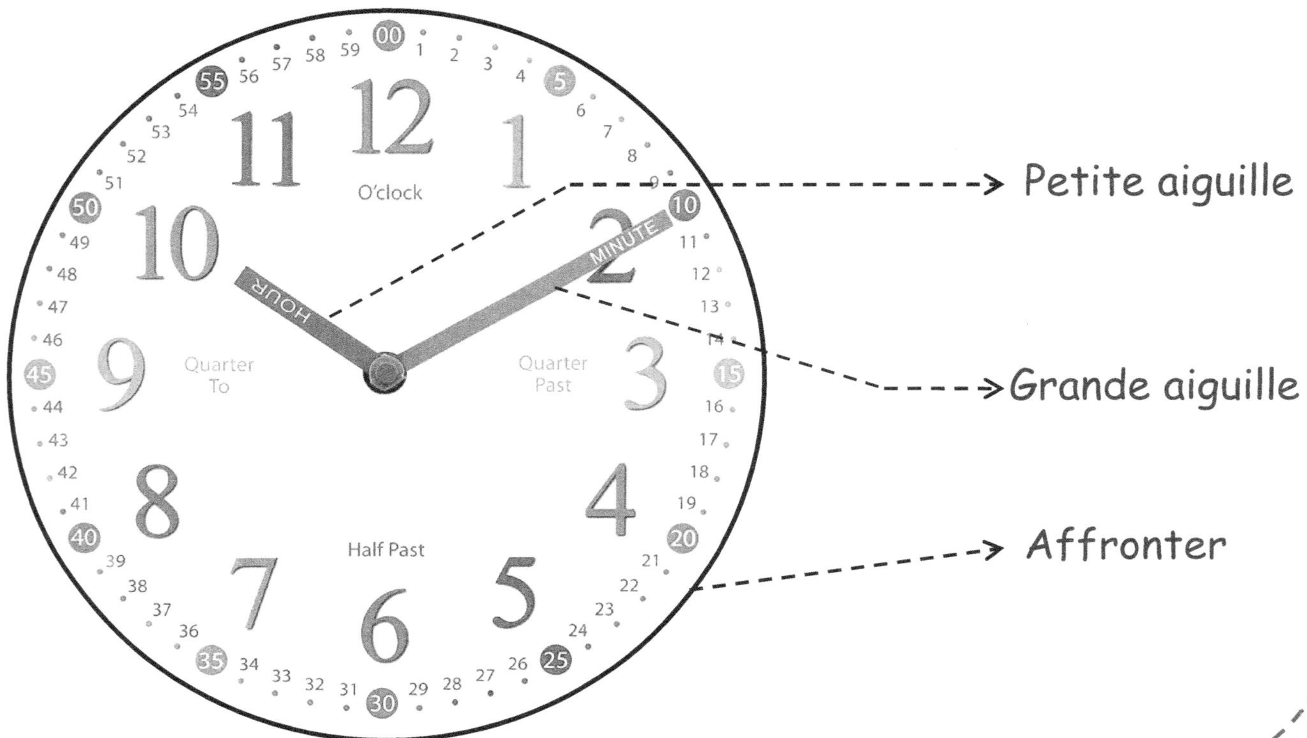

Horloge Digitale

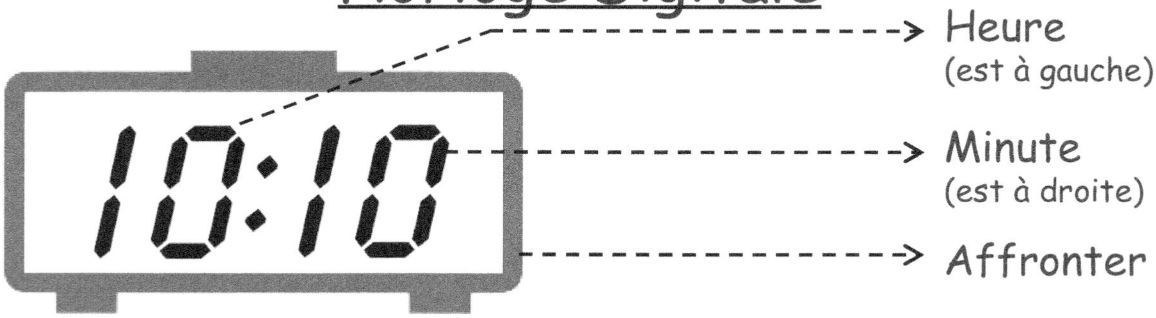

Quelle heure est-il? Il est dix heures dix

Il y a 60 minutes dans une heure

Temps

Je découvre

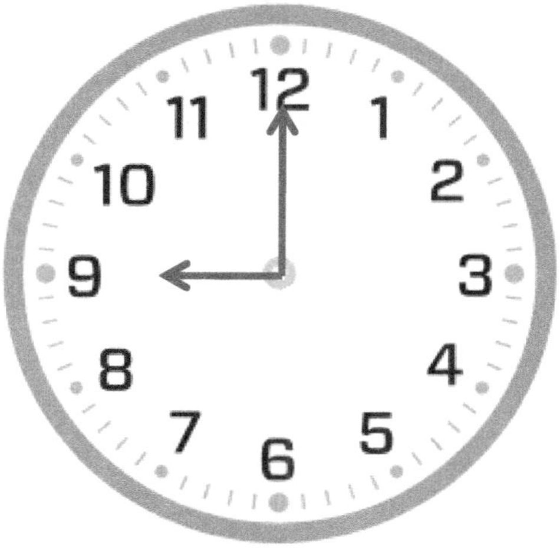

09:00 - Il est neuf heures pile

03:05 - Il est trois heures cinq

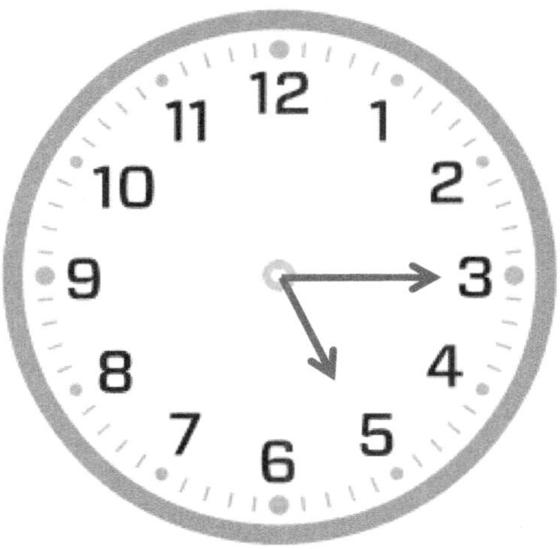

05:15 - Il est cinq heures et quart

06:30 - Il est six heures et demie

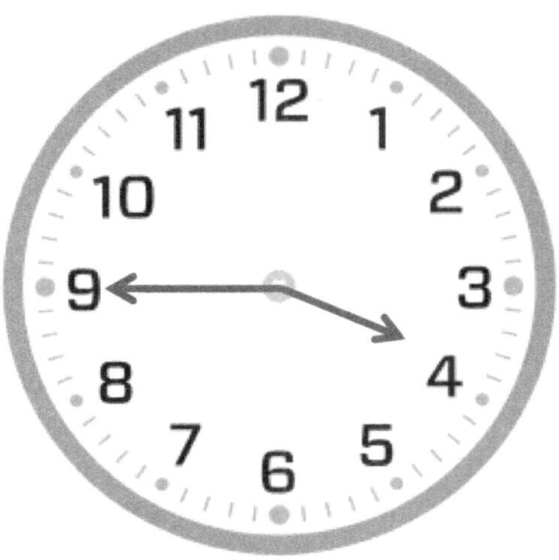

03:45 - Il est quatre heures moins le quart

11:20 - Il est onze heures vingt

Temps

Faire correspondre les temps

1. 	10:05	Il est cinq heures cinquante-sept
2. 	01:15	Il est dix heures cinq
3. 	05:25	Il est huit heures dix
4. 	08:10	Il est cinq heures vingt-cinq
5. 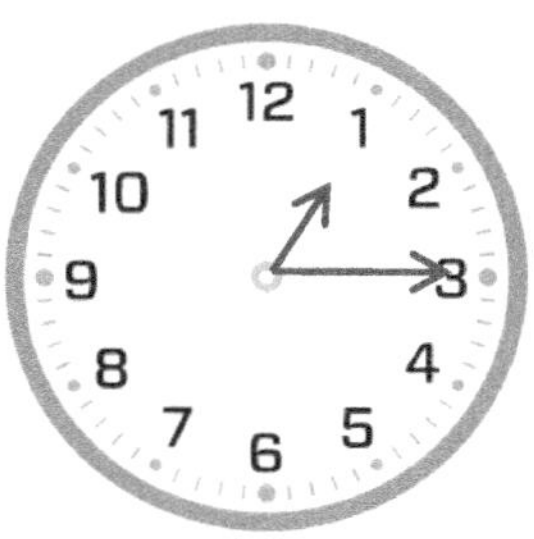	05:57	Il est neuf heures pile
6. 	09:00	Il est une heur et quinze

Temps

Écrivez l'heure exacte

:

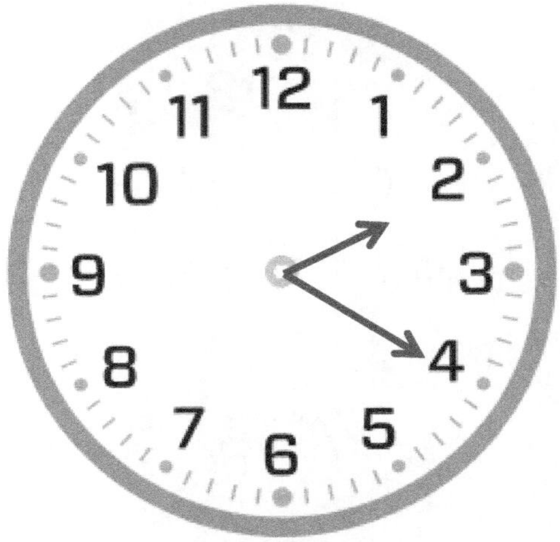

:

:

:

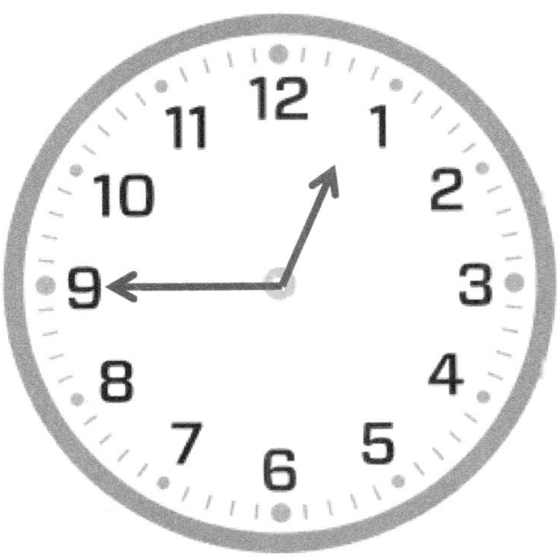

:

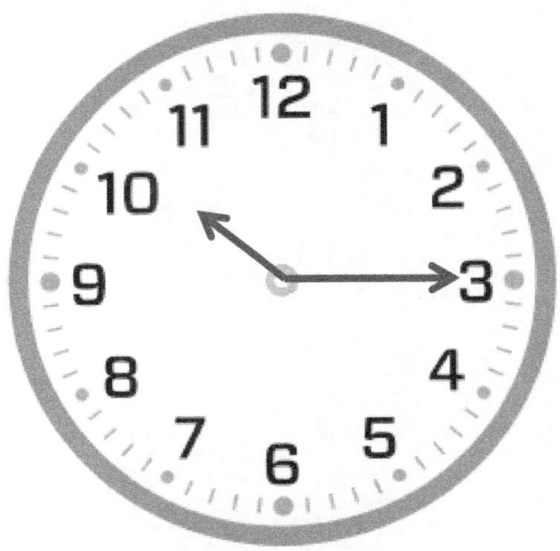

:

Temps

Dessinez les aiguilles sur l'horloge pour montrer l'heure

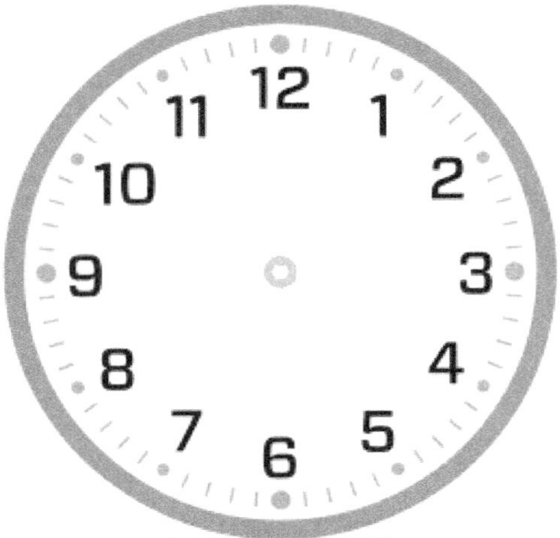

06:15

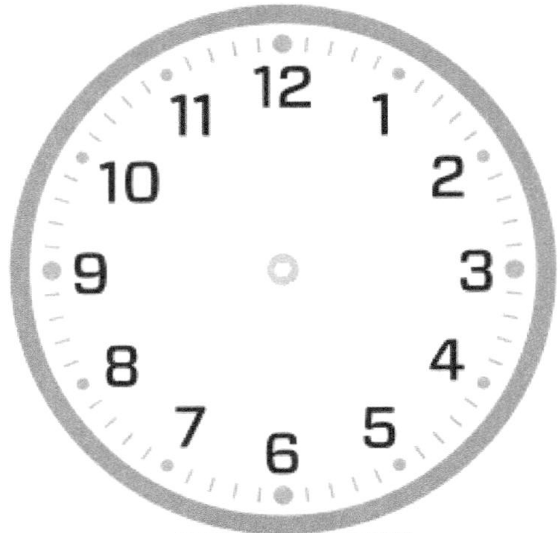

02:00

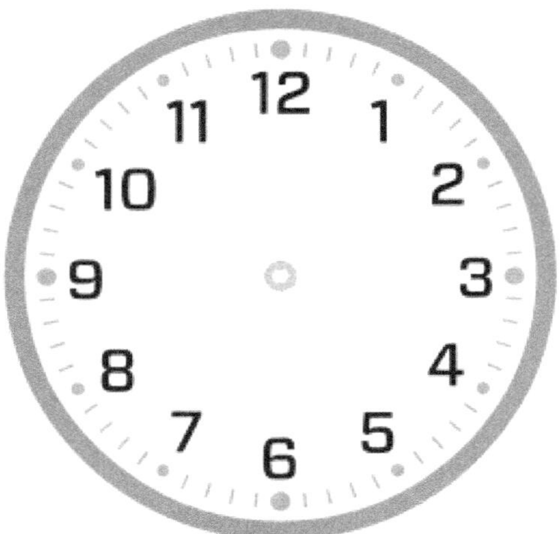

09:30

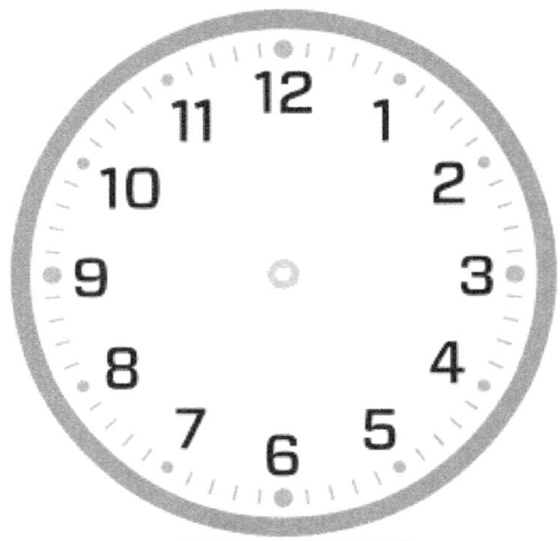

12:10

03:25

10:45

Temps

Ma journée...

1.  Je me lève à 

2.  Je prend mon petit déjeuner à 

3.  Je vais à l'école à 

4.  Je prends mon déjeuner à 

5.  Je reviens de l'école à 

6.  Je dîne à 

7.  je vais au lit à 

BONUS : PUZZLE MATHÉMATIQUE

Pouvez-vous résoudre ce puzzle mathématique ?

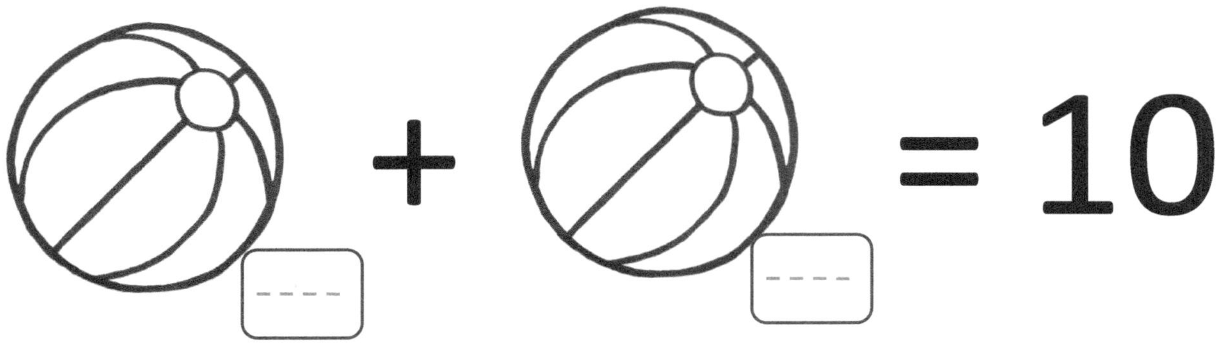

Dans la même collection

Maths Singapour PS MS

Mathématique Moyenne Section

Cahier d'Ecriture des Chiffres 1-100 dès 3 ans!

Cahier d'Écriture Cursive Maternelle et CP

Lecture Syllabique GS CP

@eleveintelligenteditions | eleve_intelligent.editions | eleveintelligenteditions

Élève Intelligent Editions

N'hésitez à nous **"Suivre"**
sur Amazon pour ne rien rater
de la suite de nos livres.
&
aider les autres parents
à faire le bon choix.

@eleveintelligenteditions eleve_intelligent.editions eleveintelligenteditions

Printed in France by Amazon
Brétigny-sur-Orge, FR

12409201R00065